損益計算書関係の勘定科目

費　用	収　益
仕入	商品売買益
売上原価	売上
発送費	受取家賃
給料	受取地代
法定福利費	受取手数料
広告宣伝費（広告費）	受取利息
支払手数料	雑益（雑収入）
支払利息	貸倒引当金戻入
旅費交通費	償却債権取立益
貸倒引当金繰入	固定資産売却益
貸倒損失	
減価償却費	
通信費	
消耗品費	
水道光熱費	
支払家賃	
支払地代	
保険料（支払保険料）	
租税公課	
修繕費	
雑費	
雑損（雑損失）	
固定資産売却損	
保管費	
諸会費	
法人税，住民税及び事業税（法人税等）	

その他の勘定科目

現金過不足
損益

（出所）日本商工会議所（2019）「商工会議所簿記検定試験　商業簿記標準・許容勘定科目表」を参考に作成

BOOKKEEPING

簿記入門演習テキスト

関西大学会計学研究室 編

国元書房

はしがき

関西大学商学部では，簿記の初学者が学習を始めるための講義テキストとして，2001年に『簿記システムの基礎』を上梓してから第５版を重ねてきた。しかし，近年における会計制度の変革と，日本商工会議所による簿記検定試験の出題範囲の見直しに鑑みて，旧来のテキストを改訂するのではなく，抜本的に内容を見直し，新しくテキストを書き上げることが時宜に適っていると考え，本書を刊行するに至った次第である。

本書は，日商簿記検定３級の内容をひと通り網羅している。しかし，本書を一読するだけで簿記検定に合格できるわけではない。本書のねらいは，簿記検定に対応できる細かな計算技術を身につけることにあるのではなく，むしろ些末な論点に気を取られることでおろそかになりがちな，簿記会計の全体像に対するイメージを早めに備えてもらうことにある。

そのため本書では，簿記の基礎概念にもとづいて，仕訳から総勘定元帳や財務諸表等がどのように作成されているかということを，初学者でも無理なく理解してもらうために，簿記一巡の流れを意識しながらシンプルな記述となるように心がけている。本書を授業の開始前などに読んでおけば，簿記の全体像がつかめて理解しやすくなり，その後で問題練習に取り組むことによって，より深く知識を定着させることができる。そのうえで，過去問等の総合問題をこなしておけば，簿記検定にも必ず合格することができるはずである。

なお，本書の執筆者は，関西大学商学部において日ごろ会計学関連の科目を担当している専任教員である。本書が多くの簿記の初学者に利用されて，ビジネスの世界共通語といわれる会計への興味をもってもらうとともに，実際に日商簿記検定などへ挑戦するための一助となることを切に希望している。

最後に，本書が刊行できたのは，国元書房代表取締役社長 國元孝臣氏をはじめとする関係の皆様による長年にわたるご厚情の賜物である。ここに記して，心より御礼を申し上げる。

2020年　春

関西大学会計学研究室

目　　次

第1章

簿記の基礎概念

＜この章で学ぶこと＞

資産　負債　資本

費用　収益

貸借対照表　損益計算書

複式簿記の自己検証機能

1 複式簿記の目的

簿記とは帳簿記入のことであり，ローマ時代にも今日にいう小遣い帳のようなものが存在したことが確認されているが，このように現金の出入りを把握するための帳簿は**単式簿記**とよばれている。それに対して，15 世紀末のイタリアでは交易の記録を正しくつけるために帳簿が発達し，**複式簿記**の仕組みが広く用いられるようになった。

複式簿記の目的は，企業の財政状態と経営成績を明らかにすることである。**財政状態**とは一定時点における財産状況のことであり，企業がどこから資金を調達し，どのように運用しているかを表すものである。また，**経営成績**とは一定期間中において企業がどれだけの損益を獲得することができたかを表すものである。このとき，財政状態は貸借対照表によって，経営成績は損益計算書によって示されるが，複式簿記を導入すれば，帳簿から誘導的に貸借対照表と損益計算書を作成することができる。

2 貸 借 対 照 表

貸借対照表（Balance Sheet：B/S）は，期末現在における財政状態を示す財務諸表であり，資産，負債および資本によって構成される。このように一定時点における残高を表す情報のことを**ストック情報**という。資産，負債および資本の勘定科目を例示すると，以下のようなものがある。

資　産 assets	現金／当座預金／受取手形／売掛金／商品／貸付金／未収入金／ 建物／備品／車両運搬具／土地など
負　債 liabilities	支払手形／買掛金／借入金／未払金など
資　本 capital	資本金／利益準備金／繰越利益剰余金など

資産とは企業にとって何らかの経済的価値をもつものであり，現金や預金，商品，建物や備品などが含まれる。すなわち，資産とは企業が事業に投下した資金を，どのような形で保有しているかという**資金の運用形態**を表している。

その一方で，**負債**とは金融機関など企業外部の債権者から受け入れた債務であり，借入金や未払金など将来的に返済や支払いを行う義務を負うものである。また，**資本**とは企業の構成員である株主から受け入れた出資金や，企業が自ら獲得して**内部留保**とした利益である。これらの負債と資本は，企業がどこから事業の元手を得ているかという**資金の調達源泉**を表している。そのため，外部の第三者から調達した資金である負債は**他人資本**とよばれ，企業の内部から調達した資金である資本は**自己資本**ともよばれている。

一例として，家計において自動車を購入する場合を考えてみると，自己資金が不足する分はローンを組むことになる。このとき貸借対照表上では，資金の運用形態として車両運搬具という資産が計上されるとともに，資金の調達源泉として自己資金による部分は資本となり，自己資金が不足する分は借入金という負債が計上されるのである。

なお，貸借対照表では左側（**借方**）には資産を計上し，右側（**貸方**）には負債および資本を計上する。そして，資産の総額と負債および資本の合計額は一致することから，同時に資産から負債を差し引いたものが資本の金額ということになる（そのため，資本は**純資産**ともよばれており，貸借対照表上の貸方は「負債・純資産の部」と記載される）。

貸借対照表等式：資産＝負債＋資本
資本等式：資本＝資産－負債

貸借対照表

株式会社関西商事　×2年3月31日現在　(単位：円)

資産の部	借方	負債・純資産の部	貸方
現金	100,000	借入金	200,000
商品	150,000	資本金	350,000
車両運搬具	300,000		
	550,000		550,000

資金の運用形態　**資金の調達源泉**

3 損益計算書

損益計算書（Profit and Loss Statement：P/L）は，会計期間（通常は1年間）における経営成績を示す財務諸表であり，収益および費用によって構成される。このように一定期間における発生額を表す情報のことを**フロー情報**という。収益および費用の勘定科目を例示すると，以下のようなものがある。

収　益 revenue	売上／受取家賃／受取地代／受取利息／固定資産売却益など
費　用 expense	仕入／給料／広告宣伝費／支払手数料／支払利息／旅費交通費／ 貸倒引当金繰入／貸倒損失／減価償却費／通信費／消耗品費／ 水道光熱費／支払家賃／支払地代／保険料／租税公課／雑費／ 固定資産売却損／法人税，住民税及び事業税など

収益とは商品の売上など企業の資本が増加する要因であり，資産の増加と同時に発生することが多いために右側（**貸方**）に計上される。その一方で，**費用**とは商品の仕入や従業員の給料など企業の資本が減少する要因であり，資産の減少と同時に発生することが多いために左側（**借方**）に計上される。

そして，損益計算書では収益から費用を差し引くことによって，会計期間中に生じた利益や損失が計算されるが，収益が費用よりも大きい場合は借方側に差額が生じるため，貸借を平均させるように**当期純利益**を借方に記入する。それに対して，費用が収益よりも大きい場合は貸方側に差額が生じるため，貸借を平均させるように**当期純損失**を貸方に記入する。

損益計算書

株式会社関西商事　×１年４月１日から×２年３月31日まで　(単位：円)

費用の部	借方	収益の部	貸方
売上原価	400,000	売上高	800,000
給料	250,000		
消耗品費	100,000		
当期純利益	50,000		
	800,000		800,000

資本の減少要因　　資本の増加要因

4 複式簿記の自己検証機能

複式簿記では**取引の二面性**にもとづき，すべての取引は借方と貸方の両面に記録が行われる。そのため，複式簿記の帳簿上では，いかなる計算の段階においても，借方と貸方の金額が一致する**貸借平均の原則**が保たれており，記入や計算に誤りがあっても，適時に発見して修正することができるようになっている。

また，現金の入出金しか記録されない単式簿記とは異なり，複式簿記では商品や固定資産なども記録されるため，定期的に棚卸しを行って現物と照合することにより，会計記録と実際との差異を早めに把握することも可能となる。

第2章

取引と勘定

<この章で学ぶこと>

簿記上の取引
取引の８要素
仕訳と勘定記入
主要簿と補助簿
簿記一巡の手続き

1 簿記上の取引

企業は利益獲得を目指して事業活動を営んでいる。このとき商品を仕入れ，販売し，代金を回収するのは企業が本来目的とするビジネスの一環であり，会計学的には**営業活動**とよばれる。さらに，企業は営業活動以外にも生産力や競争力を向上させるために設備投資等の**投資活動**を行うとともに，株主からの出資や銀行からの融資などを通じて資金を調達する**財務活動**も行っている。

そして，企業はこれらの活動に取り組むために様々な取引を行うが，一般的にいうところの取引と，簿記の対象となる取引は一部範囲が異なる。なぜなら，**簿記上の取引**とは帳簿に記入する必要がある取引のことをいうが，例えば，商品の売買や土地の賃貸借等に関する契約を結んだだけでは，実際に財産が変動するわけではないために簿記上の取引とはならない。それに対して，盗難や火災等による損失が発生した場合は，一般的には取引といわないが，財産に変動が生じるために簿記上の取引となる。

2 取引の８要素

簿記上の取引は仕訳帳にまず記入するが，仕訳を行うにあたっては取引を左側（借方）と右側（貸方）に分けて記入するという**取引の二面性**と，借方と貸方の金額が一致するという**貸借平均の原則**を守る必要がある。複式簿記では，企業の財産に変動が生じる場合に仕訳を行うが，このときの財産は資産と負債，資本（純資産）という３つの貸借対照表項目に分解され，**資産**が増加すると左側に，減少すると右側に記入することになる。また，それとは逆に**負債**と**資本**（純資産）は増加すると右側に，減少すると左側に記入する。

さらに，儲けや損失を発生させる損益は資本（純資産）の増減要因となるため，これら２つの損益計算書項目についても仕訳を行う必要がある。**費用**の発生は資産の減少をともなうことが多いため，その逆となる左側に記入し，**収益**の発生は資産の増加をともなうことが多いため，その逆となる右側に記入する。ここまでに説明した仕訳の記入法則を図式化すると以下のようになる。

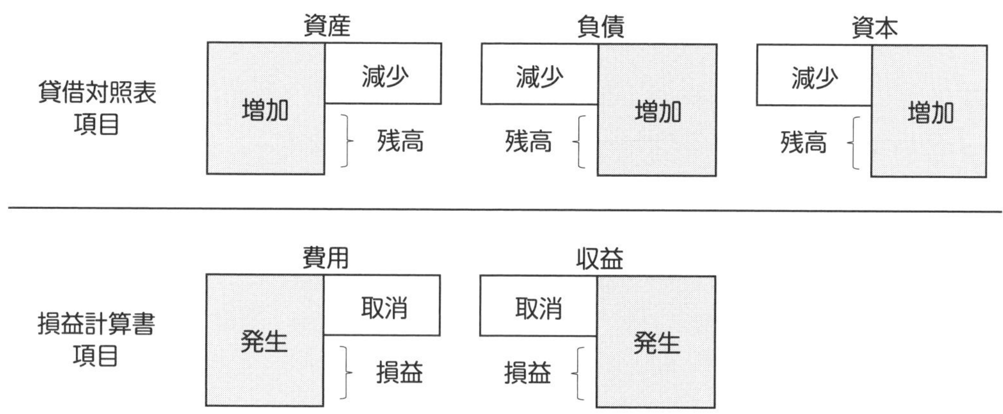

したがって，仕訳では資産・負債・資本の増加または減少と，費用と収益の発生という**取引の８要素**を組み合わせることにより，あらゆる簿記上の取引を記録することが可能になる。これら取引の８要素における代表的な結合関係を示すと以下のようになる。

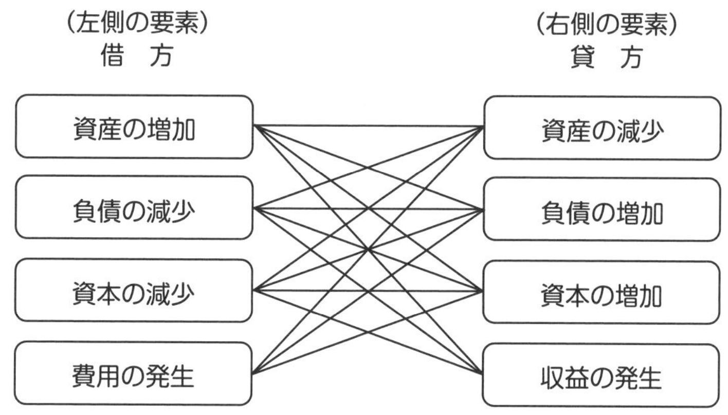

① 資産の増加 ― 資産の減少　例）土地を現金で購入する。
② 資産の増加 ― 負債の増加　例）銀行借入をして預金に入金する。
③ 資産の増加 ― 資本の増加　例）株主による出資を預金に入金する。
④ 負債の減少 ― 資産の減少　例）借入金を現金で返済する。
⑤ 資産の増加 ― 収益の発生　例）商品を売り渡して現金を受け取る。
⑥ 費用の発生 ― 資産の減少　例）従業員の給料を現金で支払う。

3 仕訳帳の記入方法

簿記の学習では，設例に示すように簡略化した形式で仕訳を記載することが多いが，実務では取引が発生する都度に仕訳を**仕訳帳**に記入する。このとき，仕訳帳の摘要欄には借方と貸方の勘定科目を記入するとともに，その下に取引の簡単な内容（小書き）を記述する。なお，ひとつの仕訳について借方あるいは貸方に複数の勘定科目がある場合には，その上部に「**諸口**」と記入する。

また，元丁欄には「4 総勘定元帳の記入方法」で説明する総勘定元帳の番号を記入する。そして，借方と貸方の欄には各々の勘定科目における金額を記入するが，ひとつの仕訳に関する借方の合計額と貸方の合計額は必ず一致しなければならない。個々の取引の具体的な仕訳方法については，次章以降で順次解説するが，取引の設例を示して仕訳帳に記入すると以下のようになる。

▶▶▶〈設例〉

4/10　A商事から商品200,000円を仕入れ，代金は現金で支払った。

（借）仕　入	200,000		（貸）現　金	200,000

4/20　B商事に商品100,000円を売り渡し，代金は現金で受け取った。

（借）現　金	100,000		（貸）売　上	100,000

4/30　C商事に商品150,000円を売り渡し，代金80,000円は現金で受け取り，残額は掛けとした。

（借）現　金	80,000		（貸）売　上	150,000
売掛金	70,000			

仕訳帳 1

日付		摘要		元丁	借方	貸方
4	10	(仕　　入)		10	200,000	
			(現　　金)	1		200,000
		A商事から仕入				
	20	(現　　金)		1	100,000	
			(売　　上)	9		100,000
		B商事に売上				
	30	諸　　口	(売　　上)	9		150,000
		(現　　金)		1	80,000	
		(売 掛 金)		3	70,000	
		C商事に売上				
					450,000	450,000

会計期間中に発生した取引を仕訳帳に記入し終わると，一重線を引いて合計額を記入するとともに，その下に二重線を引いて帳簿の締切を行う。このように帳簿では，一重線は合計や差引などの計算を行うことを，また二重線は会計期間に区切りをつけて計算が終了したことを意味するが，簿記のいかなる段階においても**貸借平均の原則**にもとづいて，借方の合計額と貸方の合計額は一致していなければならない。

4 総勘定元帳の記入方法

仕訳帳にはすべての取引が仕訳されているが，そのままでは勘定科目別の金額を把握することができない。そこで，個々の勘定科目の金額がどのように増減しているかを把握するために，仕訳を勘定科目ごとに勘定口座へと転記することによって**総勘定元帳**を作成する。「3 仕訳帳の記入方法」において作成した仕訳帳から，現金および売上の勘定口座に転記を行うと以下のようになる。

総勘定元帳

現　　金　　1

日	付	摘　要	仕丁	借　方	日	付	摘　要	仕丁	貸　方
4	20	売　　上	1	100,000	4	10	仕　　入	1	200,000
	30	売　　上	1	80,000					

売　　上　　9

日	付	摘　要	仕丁	借　方	日	付	摘　要	仕丁	貸　方
					4	20	現　　金	1	100,000
						30	諸　　口	1	150,000

このとき，各勘定科目について仕訳帳の借方にある金額は勘定口座の借方に，貸方にある金額は勘定口座の貸方に転記する。ただし，摘要欄については勘定科目をそのまま書き写すのではなく，その勘定科目がどのような理由によって動いているかを把握できるように，仕訳の貸借逆側にある**相手科目**を転記する。また，仕丁欄には転記元となった仕訳が記載されている仕訳帳のページ番号を記入する。

このような作業をすべての勘定科目について行うことにより，勘定口座を取りまとめた帳簿である総勘定元帳が作成される。なお，簿記の学習上は総勘定元帳を簡略化した**T勘定**を用いることも多く行われている。

現　　金

借方			貸方		
4/20	売　上	100,000	4/10	仕　入	200,000
30	売　上	80,000			

売　　上

借方			貸方		
			4/20	現　金	100,000
			30	諸　口	150,000

5 主要簿と補助簿

仕訳帳と総勘定元帳があれば，日々の仕訳を記録して勘定口座に集計し，貸借対照表と損益計算書を作成することができる。このように簿記において必要不可欠となる帳簿のことを**主要簿**という。

しかし，現金や預金，仕入や売上，受取手形や支払手形などの主要な取引については，より詳細な記録をしておくと便利であり，仕訳帳を補助させるために**補助記入帳**を作成する場合がある。また，商品，買掛金や売掛金，固定資産などの重要な勘定科目については，その品目別や相手先別の内訳を把握できるようにしておく必要があり，総勘定元帳を補助させるために**補助元帳**を作成する場合がある。これらの補助記入帳と補助元帳のことを**補助簿**という。

<table>
<tr><td colspan="2">主要簿</td><td>仕訳帳／総勘定元帳</td></tr>
<tr><td rowspan="2">補助簿</td><td>補助記入帳
（仕訳帳の補助）</td><td>現金出納帳／当座預金出納帳／
小口現金出納帳／仕入帳／売上帳／
受取手形記入帳／支払手形記入帳</td></tr>
<tr><td>補助元帳
（総勘定元帳の補助）</td><td>商品有高帳／買掛金（仕入先）元帳／
売掛金（得意先）元帳／固定資産台帳</td></tr>
</table>

6 簿記一巡の手続き

企業は将来にわたって継続的に事業活動を行うことが想定されており，このような考え方を**継続企業（ゴーイング・コンサーン）**という。ただし，その一方で企業は利益を獲得し，株主に分配することが期待されており，一定の期間を区切って財政状態や経営成績を報告することが求められている。そのため，通常は1年間の会計期間を設けて，企業は**財務諸表**（貸借対照表や損益計算書など）を作成し，**株主総会**において株主の承認を得る必要がある。

なお，会計期間は期首，期中，期末に区分される。**期首**とは会計期間の開始時点のことであり，**期中**とは期首と期末との間の日常的な取引期間，**期末**とは会計期間の終了時点のことをいうが，それぞれに以下のような仕訳や処理が行われる。

① 期首：再振替仕訳（前期末に繰り越された決算整理の逆仕訳）
② 期中：期中取引仕訳（通常取引の仕訳），決算整理前試算表の作成
③ 期末：決算整理仕訳（会計期間への帰属を整理するため決算時のみに行う仕訳），決算整理後残高試算表，帳簿の締切，精算表，貸借対照表と損益計算書の作成

簿記の最終目的は，貸借対照表と損益計算書を作成して，会社の**財政状態**と**経営成績**を明らかにすることである。そのため，すべての**簿記上の取引**を**仕訳帳**に仕訳して，**総勘定元帳**に転記し，**決算整理前残高試算表**を作成した後に，当期に帰属すべき取引のうち未処理となっているものを整理するための**決算整理仕訳**を行って，**決算整理後残高試算表**を作成する。

そして，帳簿を締め切って**貸借対照表**と**損益計算書**を作成するが，決算整理前試算表から簡便的に貸借対照表と損益計算書を作成するためのワークシートである**精算表**が用いられる場合もある。このような**簿記一巡の手続き**と，日商簿記検定試験３級の大まかな対応関係を示すと以下のようになる。

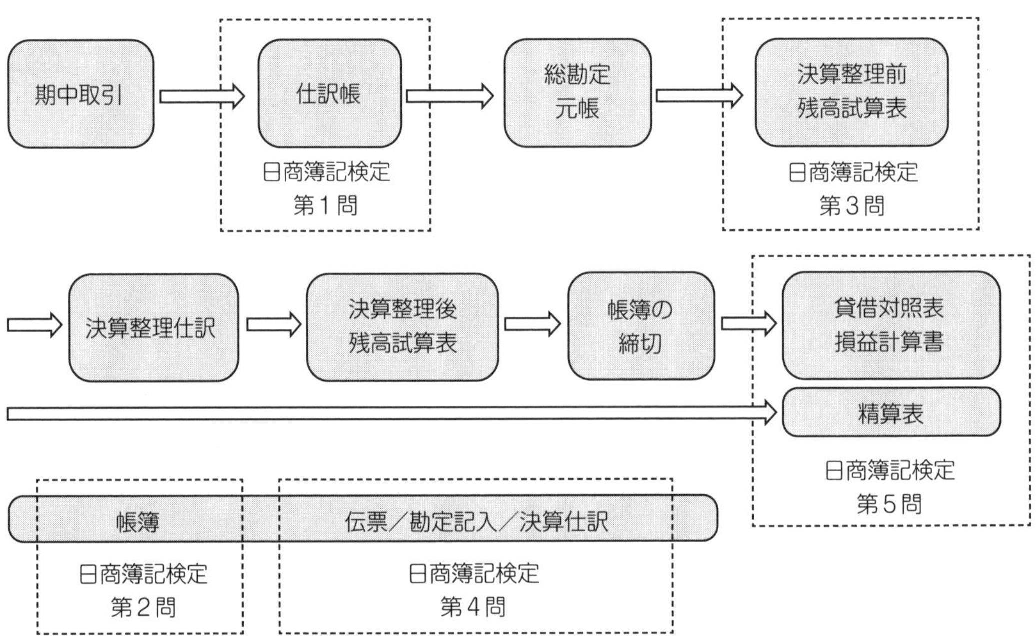

なお，会計期間に生じる利益が簿記によってどのように把握されるかを図式化すると以下のようになる。仕訳帳には借方に資産と費用，貸方に負債と資本，収益が記録されているが，それらを貸借対照表項目（資産・負債・資本）と損益計算書項目（費用・収益）に振り分けると，貸借対照表では期首から期末にかけての資本の増加分として，損益計算書では収益から費用を控除した差額として，利益が計算される。

このように貸借対照表上の資本の増加分として，利益を計算する方法を**財産法**とよび，損益計算書上の収益から費用を差し引いて，利益を計算する方法を**損益法**とよぶが，**貸借平均の原則**にもとづいて，財産法と損益法による利益の金額は一致する（なお，決算整理後残高試算表では，貸借対照表項目と損益計算書項目の振り分けがまだ行われていないため，決算整理後の資本の金額には当期の利益による増加分はまだ反映されておらず，期首の金額のままになっていることになる)。

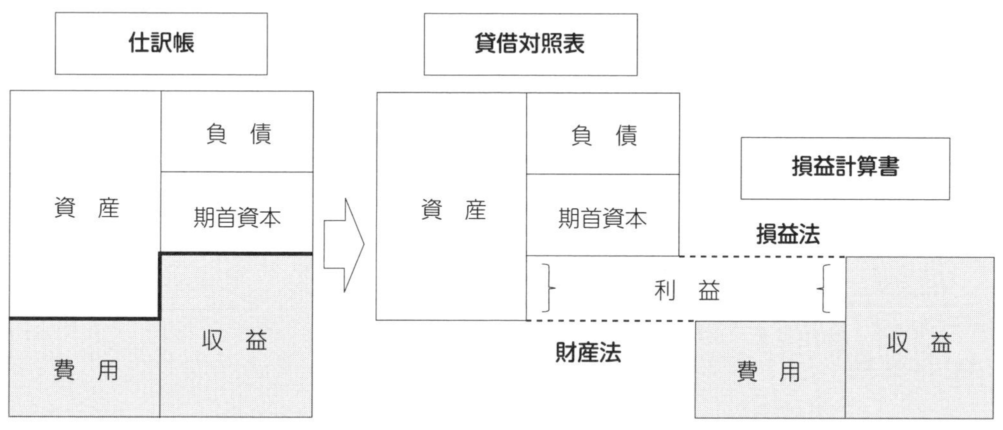

財 産 法 ： 純 損 益 ＝ 期末資本 － 期首資本

損 益 法 ： 純 損 益 ＝ 収　　益 － 費　　用

第 3 章

現　金　預　金

<この章で学ぶ勘定科目>

現金　現金過不足　雑益　雑損

普通預金　定期預金　当座預金　当座借越　小口現金

<この章で学ぶ帳簿>

現金出納帳　当座預金出納帳　小口現金出納帳

1 現金の仕訳

この章では，現金および預金の取引に関する仕訳と帳簿について学習する。現金を受け取ったときは**現金**勘定（資産）の増加として借方に，現金を支払ったときは現金勘定（資産）の減少として貸方に仕訳する。

▶▶▶〈設例〉

4/5　A商事に商品300,000円を売り渡し，代金は現金で受け取った。

（借）現　　金　300,000　　（貸）売　　上　300,000

4/10　B商事から商品200,000円を仕入れ，代金は現金で支払った。

（借）仕　　入　200,000　　（貸）現　　金　200,000

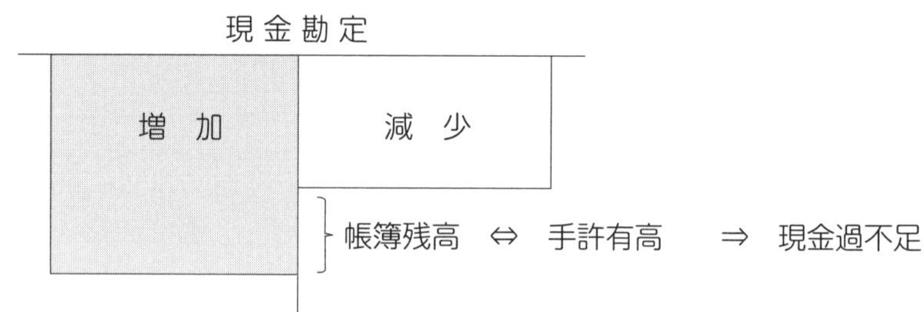

また，簿記上の取引として現金勘定で処理されるものは，紙幣や貨幣のような通貨だけでなく，他人が振り出した小切手，送金小切手，郵便為替証書など，金融機関ですぐに換金される**通貨代用証券**も含まれる。

▶▶▶〈設例〉

4/17　C商事に商品250,000円を売り渡し，代金は送金小切手で受け取った。

（借）現　　金　250,000　　（貸）売　　上　250,000

4/22　D商事から商品150,000円を仕入れ，代金はかねて受け取っていたE商店振出の小切手で支払った。

（借）仕　　入　150,000　　（貸）現　　金　150,000

2 現金出納帳の記帳

現金出納帳は，現金の入金と出金の明細を記録する**補助記入帳**である。「1 現金の仕訳」の設例を現金出納帳に記帳すると以下のようになる。摘要欄に取引内容を記入するとともに，収入額と支出額にもとづいてその日の残高を計算し，実際の手許有高と照合することにより正しく記帳が行われていることを確認する。なお、原則として通貨代用証券も現金出納帳に記帳する。

現 金 出 納 帳

日 付		摘　要	収　入	支　出	残　高
4	1	前月繰越	100,000		100,000
	5	A商事に売上	300,000		400,000
	10	B商事から仕入		200,000	200,000
	17	C商事に売上	250,000		450,000
	22	D商事から仕入		150,000	300,000
	30	次月繰越		300,000	
			650,000	650,000	
5	1	前月繰越	300,000		300,000

3 現金過不足の仕訳

現金の帳簿残高と実際の手許有高が異なるときは，帳簿残高（現金勘定）が実際有高に一致するように修正を行う必要がある。このとき，不一致の原因が判明するまでは，**現金過不足**の勘定科目を用いて仕訳を行う。

▶▶▶〈設例〉

5/12　現金の帳簿残高は320,000円であったが,実際有高を調べたところ310,000円であった。

(借) 現金過不足　10,000　(貸) 現　　金　10,000

5/24　現金の帳簿残高は310,000円であったが,実際有高を調べたところ320,000円であった。

(借) 現　　　金　10,000　(貸) 現金過不足　10,000

後日，現金過不足が生じた原因が判明した場合は，現金過不足勘定を正しい勘定科目に振り替える（振り替え（**振替仕訳**）とは，ある勘定科目の残高を他の勘定科目に置き換える処理のことをいう)。

▶▶▶〈**設例**〉

5/16　5月12日に生じていた現金過不足の原因を調べたところ，7,000円については通信費の計上漏れであることが判明した。

(借) 通　信　費　7,000　(貸) 現金過不足　7,000

5/28　5月24日に生じていた現金過不足の原因を調べたところ，8,000円については売掛金の回収が記帳漏れであることが判明した。

(借) 現金過不足　8,000　(貸) 売　掛　金　8,000

さらに，決算日まで現金過不足の原因が判明しなかったときには，現金過不足勘定の残高を**雑損**勘定（費用）または**雑益**勘定（収益）に振り替える。

▶▶▶〈**設例**〉

5/30　本日決算日につき，5月12日に生じた現金過不足のうち原因不明の3,000円について適切な科目に振り替えることにした。

(借) 雑　　　損　3,000　(貸) 現金過不足　3,000

5/30　本日決算日につき，5月24日に生じた現金過不足のうち原因不明の2,000円について適切な科目に振り替えることにした。

(借) 現金過不足　2,000　(貸) 雑　　　益　2,000

4 普通預金・定期預金の仕訳

普通預金はいつでも預入れや引出しができるが，利率が低い預金である。また，定期預金はあらかじめ定めた期日がくるまで引き出すことができないが，利率が高い預金である。普通預金や定期預金が増加したときは，**普通預金**勘定（資産）あるいは**定期預金**勘定（資産）の借方に仕訳し，減少したときは貸方に仕訳する。

▶▶▶〈設例〉

(1) A商事に商品500,000円を売り上げ，代金は普通預金口座に振り込まれた。

(借)	普 通 預 金	500,000	(貸) 売 上	500,000

(2) B銀行の定期預金口座に手許現金200,000円を預け入れた。

(借)	定 期 預 金	200,000	(貸) 現 金	200,000

なお，普通預金口座等を複数開設した場合，管理のために銀行別等の勘定科目を使用することがある。

▶▶▶〈設例〉

大阪商事より掛代金150,000円が，C銀行の普通預金口座に振り込まれた。

(借)	普通預金C銀行	150,000	(貸) 売 掛 金	150,000

5 当座預金の仕訳

当座預金は支払決済のために使用する無利息の預金であり，銀行から引出しを行うのに小切手を用いる。小切手に支払金額を記入し，記名押印して渡せば，受け取った相手方は支払銀行に呈示することによって，いつでも振出人の口座から現金を受け取ることができる。そのため，**他人振出小切手**は**現金**勘定で仕訳する。

No.123	小　切　手

支払地　大阪府吹田市
千里銀行千里山支店

金額　¥ 100,000 ※

上記の金額をこの小切手と引き換えに持参人へお支払いください。

振出日　令和○年４月１日
振出地　大阪府吹田市

振出人　大阪府吹田市山手町３丁目
株式会社　関西商事
関西太郎

それに対して，自分が振り出した小切手（**自己振出小切手**）は，**当座預金**勘定（資産）で仕訳を行う。また，自己振出小切手が回りまわって自分のところに戻ってくることがあるが，その場合も振出時に減少させた金額を戻すために当座預金勘定で仕訳を行う。

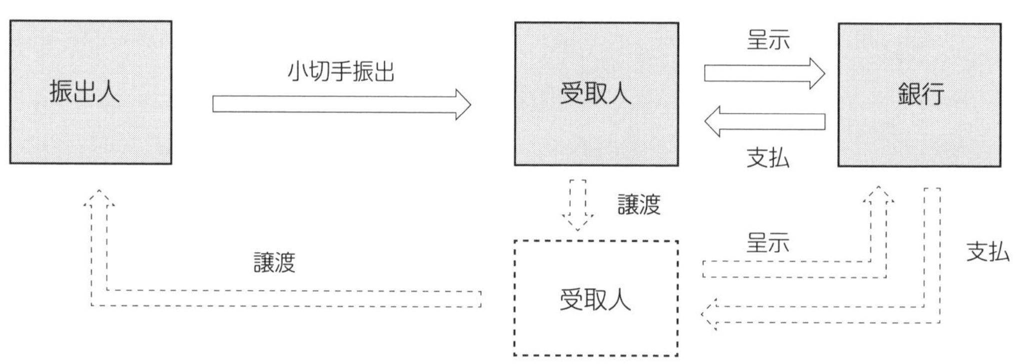

▶▶▶ **〈設例〉**

6/3　A銀行と当座取引契約を結び，現金150,000円を預け入れた。

（借）当 座 預 金	150,000	（貸）現　　　　金	150,000

6/11　B商事から商品120,000円を仕入れ，代金は小切手を振り出して支払った。

（借）仕　　　　入	120,000	（貸）当 座 預 金	120,000

6/19　C商事に商品100,000円を売り上げ，代金は現金で受け取り，ただちに当座預金へ預け入れた。

（借）当　座　預　金　100,000　（貸）売　　　　上　100,000

6/21　D商事に商品50,000円を売上げ，代金は当店振り出しの小切手で受け取った。

（借）当　座　預　金　50,000　（貸）売　　　　上　50,000

6 当座借越の仕訳

当座預金の銀行残高を超えて小切手を振り出した場合，取引銀行が支払いを拒絶して不渡りとなって信用を失う。しかし，あらかじめ銀行と当座借越契約を結んでおけば，借越限度額までは当座預金の残高を超えて小切手を振り出すことができる。

このとき，当座預金残高を超えて引き出された分は，銀行から一時的に借入れを行っている状態となる。そのため，決算期末において当座預金勘定の残高が貸方になっている場合は，**当座借越**勘定（負債）に振り替える仕訳が必要になる。

〈設例〉

6/28　E商事から商品250,000円を仕入れ，代金は小切手を振り出して支払った。なお，当座預金の残高は180,000円であったが，A銀行と500,000円の当座借越契約を結んでいる。

（借）仕　　　　入　250,000　（貸）当　座　預　金　250,000

6/30　決算日を迎えた。当座預金勘定は70,000円の貸方残高である。

（借）当　座　預　金　70,000　（貸）当　座　借　越　70,000

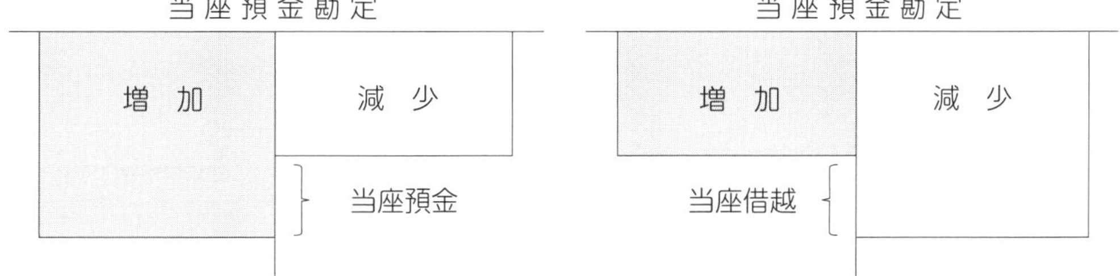

そして，決算期末において貸方残高の当座預金勘定を当座借越勘定に振り替えたときは，翌期首（次年度の開始時）に**再振替仕訳**（決算時に行った仕訳の逆仕訳）を行って，当座借越勘定から当座預金勘定に戻し入れる（再振替仕訳は特に指示がない場合であっても，該当するものがあれば，翌期首が開始したときに自動的に仕訳する）。

▶▶▶〈設例〉

7/1　期首につき，当座借越勘定の残高 70,000 円について再振替仕訳を行う。

（借）当　座　借　越　70,000　（貸）当　座　預　金　70,000

7/7　C商事に対する売掛金 90,000 円を回収し，当座預金へ預入れた。

（借）当　座　預　金　90,000　（貸）売　　掛　　金　90,000

7 当座預金出納帳の記帳

当座預金出納帳は，当座預金口座の預入れと引出しの明細を記録する**補助記入帳**である。「5 当座預金の仕訳」および「6 当座借越の仕訳」の設例を当座預金出納帳に記帳すると以下のようになる。このとき，当座預金勘定が借方残高（「借／貸」欄が借）のときは資産になり，貸方残高（「借／貸」欄が貸）のときは負債になっていることを意味する。

当座預金出納帳

日	付	摘　要	預　入	引　出	借／貸	残　高
6	3	現金預入れ	150,000		借	150,000
	11	B商事から仕入		120,000	借	30,000
	19	C商事に売上	100,000		借	130,000
	21	D商事に売上	50,000		借	180,000
	28	E商事から仕入		250,000	貸	70,000
	30	次月繰越	70,000			
			370,000	370,000		
7	1	前月繰越		70,000	貸	70,000
	7	C商事からの売掛代金	90,000		借	20,000

8 小口現金の仕訳

日常発生する少額の経費の支払いに備えて，各部署の担当者にあらかじめ一定額の現金を前渡ししておく場合，通常の現金と区別して**小口現金**勘定（資産）を設ける。このとき，小口現金は各部署の担当者（小口現金係，用度係，小払係などとよばれる）によって支払いが行われた後で，会計担当の部署（会計係，経理係などとよばれる）に報告されて仕訳が行われる。

小口現金係に小口現金を支給する方法には，一定期間の支払額をあらかじめ見積もり，週あるいは月の初めに一定の金額を前渡ししておく**定額資金前渡法**（インプレスト・システム）などがある。定額資金前渡法による場合，小口現金係から週末や月末に支払明細の報告が行われると，報告された支払額と同じ金額がただちに補給される。

▶▶▶〈設例〉

8/1　定額資金前渡法を採用し，会計係は小口現金 100,000 円を，小切手を振り出して前渡しした。

(借) 小　口　現　金	100,000	(貸) 当　座　預　金	100,000

8/19　小口現金係は文房具代（消耗品費）30,000 円，郵便切手代（通信費）15,000 円，お茶菓子代（雑費）3,000 円を小口現金で支払った。

仕　訳　な　し

8/20　会計係は文房具代（消耗品費）30,000 円，郵便切手代（通信費）15,000 円，お茶菓子代（雑費）3,000 円の支払報告を小口現金係から受けた。

(借) 消　耗　品　費	30,000	(貸) 小　口　現　金	48,000
通　　信　　費	15,000		
雑　　　　　費	3,000		

8/31　会計係は小口現金の支払額と同額の小切手を振り出して小口現金を補給した。

(借) 小　口　現　金	48,000	(貸) 当　座　預　金	48,000

ただし，支払額の報告と小口現金の補給が同時に行われる場合には，小口現金勘定を用いずに，当座預金勘定等によって直接補給されたものとして仕訳を行う。

▶▶▶〈設例〉

小口現金係から文房具代（消耗品費）30,000円，郵便切手代（通信費）15,000円，お茶菓子代（雑費）3,000円の支払報告を受け，同額の小切手を振り出して補給した。

（借）	消耗品費	30,000	（貸）当座預金	48,000
	通信費	15,000		
	雑費	3,000		

9 小口現金出納帳

小口現金係は小口現金を管理するために，**小口現金出納帳**という**補助記入帳**を作成して支払いの明細を記録する。「8 小口現金の仕訳」の設例について，小口現金出納帳に記帳すると以下のようになる。

このとき，小口現金の補給を，支払いがあった週または月の終わりにするか（週末（月末）補給制），支払いがあった翌週または翌月の初めにするか（週初（月初）補給制）によって，小口現金出納帳への記入方法が異なる。

そのため，週末（月末）補給制による場合は，小口現金が補給されて元の金額に戻った状態で次週（次月）に繰り越されるのに対して，週初（月初）補給制による場合は，小口現金が補給されない金額で次週（次月）に繰り越されて，翌週（翌月）初めに補給が行われて元の金額に戻されることになる。

<月末補給制>

小口現金出納帳

受 入	日	付	摘 要	支 払	内 訳		
					消耗品費	通信費	雑 費
100,000	8	1	小切手受入				
		19	文房具代	30,000	30,000		
		〃	郵便切手代	15,000		15,000	
		〃	お茶菓子代	3,000			3,000
			合 計	48,000	30,000	15,000	3,000
48,000		31	本日補給				
		〃	次月繰越	100,000			
148,000				148,000			
100,000	9	1	前月繰越				

<月初補給制>

小口現金出納帳

受 入	日	付	摘 要	支 払	内 訳		
					消耗品費	通信費	雑 費
100,000	8	1	小切手受入				
		19	文房具代	30,000	30,000		
		〃	郵便切手代	15,000		15,000	
		〃	お茶菓子代	3,000			3,000
			合 計	48,000	30,000	15,000	3,000
		31	次月繰越	52,000			
100,000				100,000			
52,000	9	1	前月繰越				
48,000		〃	本日補給				

商　　品

＜この章で学ぶ勘定科目＞

商品　商品売買益

仕入　売上

＜この章で学ぶ帳簿＞

仕入帳　売上帳

商品有高帳

1 商品に関する取引の仕訳

この章では，商品の売買取引にかかわる仕訳と帳簿について学習する。商品の売買取引に関する記帳方法には，いくつかの種類が存在する。本書では，このうち分記法と３分法について説明する（なお，前章までに説明してきた方法は３分法である）。

①分記法

分記法は，**商品**勘定（資産）と**商品売買益**勘定（収益）という２つの勘定科目を利用して商品の売買取引にかかわる記帳を行う方法である。この方法では，商品を仕入れたときは商品勘定（資産）の増加として借方に，商品を売り上げたときは商品勘定（資産）の減少として貸方に仕訳する。

▶▶▶〈設例〉

4/10　大阪商事から商品 200,000 円を仕入れ，代金は現金で支払った。

(借)	商　　品	200,000	(貸) 現　　金	200,000

4/20　4/10 に大阪商事から仕入れた商品の半分を，名古屋商事に 150,000 円で販売し，代金は現金で受け取った。

(借)	現　　金	150,000	(貸) 商　　品	100,000
			商品売買益	50,000

分記法では，商品勘定によって商品の有高を原価で継続的に把握できるというメリットがあるが，商品を販売するつどに売上原価を計算しなければならず，多種多量の商品を売買する企業にとっては非常に手間のかかる方法である。

②３分法

３分法は，多くの企業で利用されている方法で，**仕入**勘定（費用），**売上**勘定（収益），**繰越商品**勘定（資産）の３つの勘定科目を使用するため，その名がつけられている。企業では一般的に用いられている仕訳の方法であり，本書では最初からこの方法で説明をしてきた。

３分法では，まず商品を仕入れたときに，その仕入原価を仕入勘定の借方に仕訳する。そして，商品を販売したときには，その売価を売上勘定の貸方に仕訳する。分記法を説明する際に示した設例を3分法で仕訳をすると，次のようになる。

▶▶▶〈設例〉

4/10　大阪商事から商品200,000円を仕入れ，代金は現金で支払った。

(借) 仕　　入	200,000	(貸) 現　　金	200,000

4/20　4/10に大阪商事から仕入れた商品の半分を，名古屋商事に150,000円で販売し，代金は現金で受け取った。

(借) 現　　金	150,000	(貸) 売　　上	150,000

なお, 3分法では分記法とは異なり, 商品売買益の最終的な計算は決算時に行われる（第11章「決算」参照)。本書では，これ以降，3分法を前提として説明を進める。

2 仕入諸掛と返品・値引き

商品の仕入れた際には，その代金を現金勘定（資産）や買掛金勘定（負債）などの貸方に仕訳するとともに，仕入勘定（費用）の借方に仕訳する。

このとき，引取運賃，関税，運送保険料などの費用（これらを総称して**仕入諸掛**という）を支払う場合がある。これらの費用は，商品の調達をするために必要な費用であるため，**仕入**勘定に含めて仕訳する。それに対して，引取運賃等を売主が負担する約束になっていて，それを買主が立て替えて支払った場合には，その金額を**買掛金**勘定（負債）から減額するか，買掛金勘定と区別して**立替金**勘定（資産）の借方に仕訳する。

また，仕入れた商品に破損や品違い等があった場合，売主に対して返品や値引きなどを要求することがある。返品の場合は，**仕入戻し**として，当該金額を仕入勘定の貸方に仕訳する。値引きの場合も同様に，**仕入値引き**として，当該金額を仕入勘定の貸方に仕訳する。

このように，仕入勘定では借方に仕入額が，貸方には返品および値引額が示され，その差額は正味の仕入高である純仕入額となる。

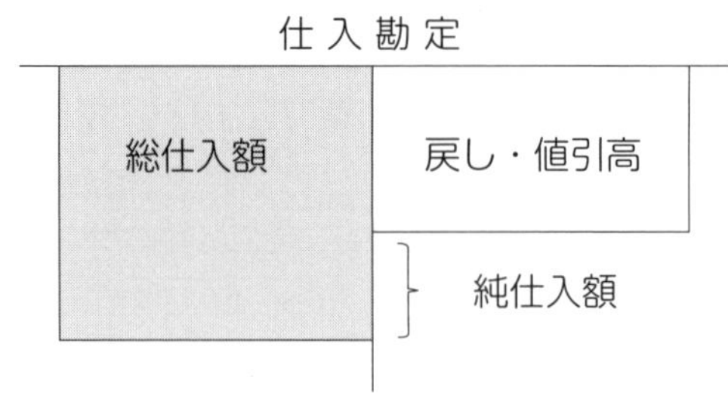

▶▶▶〈設例〉

(1) 千里商店から商品200,000円を仕入れ，代金は掛けとした。なお，引取費用3,000円は現金で支払った

(借)	仕　　入	203,000	(貸) 買 掛 金	200,000
			現　　金	3,000

(2) 千里商店から商品200,000円を仕入れ，代金は掛けとした。なお，引取費用3,000円は売主が負担する約束で，立て替えて現金で支払った（買掛金勘定から減額する）。

(借)	仕　　入	200,000	(貸) 買 掛 金	197,000
			現　　金	3,000

(3) 千里商店から商品200,000円を仕入れ，代金は掛けとした。なお，引取費用3,000円は売主が負担する約束で，立て替えて現金で支払った（立替金勘定を用いる）。

(借)	仕　　入	200,000	(貸) 買 掛 金	200,000
	立 替 金	3,000	現　　金	3,000

(4) 千里商店から仕入れた商品200,000円の半分を，品違いのために返品した。。

(借)	買 掛 金	100,000	(貸) 仕　　入	100,000

(5) 千里商店から仕入れた商品について，5,000円の値引きを受けた。

(借)	買 掛 金	5,000	(貸) 仕　　入	5,000

3 仕　入　帳

仕入勘定には，仕入に関する情報（日付，相手科目，金額）が記録されるが，**仕入帳**という**補助簿**（**補助記入帳**）を用いて，さらに詳細な情報（仕入先，商品の種類，販売数量，仕入勘定に加算される仕入諸掛など）が記入される。例えば，以下のような取引があった場合，仕入帳には，次のような記入が行われる。

▶▶▶〈設例〉

5/10　京都商店より現金で商品（A 商品 50 台 単価 1,000 円）を仕入れた。

5/15　千里商店より商品（B 商品 20 台 単価 4,000 円）を仕入れ，代金は掛けとした。なお，引取費 2,000 円を現金で支払った。

5/16　千里商店より 5/15 に仕入れた商品（B 商品 1 台）の一部に破損があり，返品した。

5/25　兵庫商店より商品（C 商品 40 台 単価 3,000 円）を仕入れ，代金は掛けとした。

仕　入　帳

×1年		摘　　要			内　訳	金　額
5	10	京都商店		現金		
		A 商品	50 台	@ 1,000 円		50,000
	15	千里商店		掛		
		B 商品	20 台	@ 4,000 円	80,000	
		引取費現金払い			2,000	82,000
	16	**千里商店**		**掛返品**		
		B 商品	**1 台**	**@ 4,000 円**		**4,000**
	25	兵庫商店		掛		
		C 商品	40 台	@ 3,000 円		120,000
	31		総仕入高			252,000
	〃		**仕入戻し高**			**4,000**
	〃		純仕入高			248,000

このとき，仕入帳の 1 行目には「仕入先」及び「支払手段」を，2 行目には「商品の種類」「数量」「単価」を記入する。また，2 種類以上の商品を購入したり，仕入諸掛が含まれたりする場合には，内訳欄を利用して，金額欄に合計額を記入する。そして，新しい取引を記入する際には，先の取引と区別するために，摘要欄に線（朱）を引く。なお，返品，値引きの取引については朱記する。

最後に，1ヵ月単位で集計するため，一重線を引いて総仕入高（50,000 + 82,000 + 120,000 = 252,000 円）を計算した後，仕入戻し高・値引高（4,000 円）を差し引くことによって，純仕入高（248,000 円）を計算する。そして，二重線を引いて 1ヵ月間の取引を締め切る。

4 売上と返品・値引き

商品・製品あるいはサービスを販売した際には，その対価を現金勘定（資産）や売掛金勘定（資産）などの借方に仕訳するとともに，**売上**勘定（収益）の貸方に仕訳する。

このとき，販売時の発送費用を売主が負担する場合には，**発送費**勘定（費用）の借方に仕訳する。それに対して，発送費用を買主が負担する約束になっていて，売主が発送時に立て替えて支払った場合には，その金額を**売掛金**勘定（資産）に加算するか，売掛金勘定と区別して**立替金**勘定（資産）の借方に仕訳する。

また，販売した商品に破損や品違い等があった場合，買主から返品や値引きなどを要求されることがある。返品の場合は，**売上戻り**として，当該金額を売上勘定の借方に仕訳する。値引きの場合も同様に，**売上値引き**として，当該金額を売上勘定の借方に仕訳する。

このように，売上勘定では貸方に売上額が，借方には返品および値引額が示され，その差額は正味の売上高である純売上額となる。

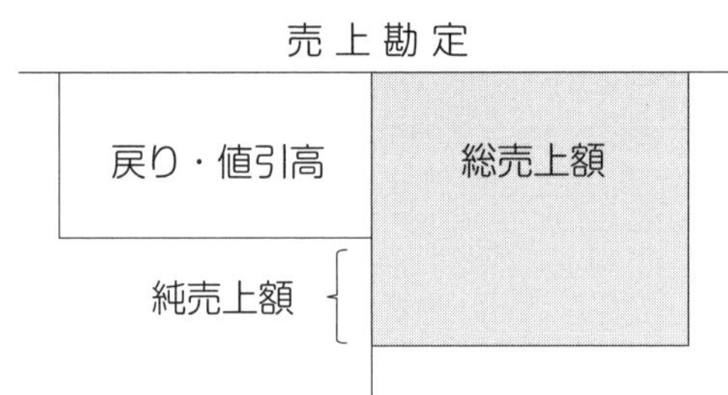

▶▶▶〈設例〉

(1) 名古屋商店に商品 100,000 円を販売し，代金は掛けとした。なお，発送費 2,000 円は現金で支払った。

(借)		(貸)	
売掛金	100,000	売上	100,000
発送費	2,000	現金	2,000

(2) 名古屋商店に商品 100,000 円を販売し，代金は掛けとした。なお，発送費 2,000 円は買主が負担する約束で，立て替えて現金で支払った（売掛金勘定に加算する）。

(借)		(貸)	
売掛金	102,000	売上	100,000
		現金	2,000

(3) 名古屋商店に商品 100,000 円を販売し，代金は掛けとした。なお，発送費 2,000 円は買主が負担する約束で，立て替えて現金で支払った（立替金勘定を用いる）。

（借）	売　掛　金	100,000	（貸）売　　　上	100,000
	立　替　金	2,000	現　　　金	2,000

(4) 名古屋商店に販売した商品 100,000 円の半分が，品違いのために返品されてきた。

（借）	売　　　上	50,000	（貸）売　掛　金	50,000

(5) 名古屋商店に販売した商品について，5,000 円の値引きを行った。

（借）	売　　　上	5,000	（貸）売　掛　金	5,000

5 売　上　帳

売上勘定には売上に関する情報（日付，相手科目，金額）が記録されるが，**売上帳**という**補助簿**（**補助記入帳**）を用いて，さらに詳細な情報（販売先，販売した商品の種類，販売数量など）が記入される。例えば，以下のような取引があった場合，売上帳には，次のような記入が行われる。

▶▶▶〈設例〉

5/11　滋賀商店に現金で商品（D 商品 30 個 単価 1,000 円）を販売した。

5/18　奈良商店に商品（E 商品 20 個 単価 1,500 円, F 商品 10 個 単価 6,000 円）を販売し，代金の半分は現金で受け取り，残額は掛けとした。

5/19　奈良商店へ 5/18 に販売した商品（F 商品の一部）に汚損があり，7,000 円の値引きをした。

5/27　和歌山商店に商品（G 商品 100 個 単価 2,500 円）を販売し，代金は掛けとした。

売　上　帳

×1年		摘　　　要			内　訳	金　額
5	11	滋賀商店		現金		
		D 商品	30 個	@ 1,000 円		30,000
	18	奈良商店		掛及び現金		
		E 商品	20 個	@ 1,500 円	30,000	
		F 商品	10 個	@ 6,000 円	60,000	90,000
	19	**奈良商店**		**掛値引**		
				@ 7,000 円		**7,000**
	27	和歌山商店		掛		
		G 商品	100 個	@ 2,500 円		250,000
	31		総売上高			370,000
	〃		**売上戻り高**			**7,000**
	〃		純売上高			363,000

このとき，売上帳の1行目には「販売先」及び「代金の回収方法」，2行目には「商品の種類」「数量」「単価」を記入する。また，2種類以上の商品を販売した場合には，内訳欄を利用して，金額欄に合計額を記入する。そして，新しい取引を記入する際には，先の取引と区別するために摘要欄に線（朱）を引く。なお，返品，値引きについては朱記する。

最後に，1ヵ月単位で集計するため，一重線を引いて総売上高（30,000 + 90,000 + 250,000 = 370,000 円）を計算した後，売上戻り高・値引高（7,000 円）を差し引くことによって，純売上高（363,000 円）を計算する。そして，二重線を引いて1ヵ月間の取引を締め切る。

6 商品有高帳

商品有高帳は，商品ごとにその増減（受入，払出）および残高の明細を記録するために作成される**補助簿**（**補助記入帳**）であり，各商品の受入，払出および残高について，それぞれ数量，単価および金額が詳細に記録される。ただし，商品有高帳の単価はすべて**取得原価**で記載されるため，商品有高帳に売価は記録されない。

商品有高帳を作成することによって，商品ごとの仕入情報と販売情報が時系列で整理されるとともに，それらの受入，払出の数量，単価が一覧できることから，各商品の在庫数量，単価および帳簿残高が明らかになり，在庫管理にも大きな役割を果たすことになる。さらに，一定期間における仕入原価と払出原価が容易に計算できることから，決算において必要となる**売上原価**および期末商品棚卸高に関する情報を得ることが可能となる。

なお，売上原価や期末商品棚卸高を計算する際に注意すべきことは，いくらで仕入れた商品を販売したものとするか，という点である。なぜなら，同一の商品であっても，仕入先，仕入の時期，支払条件等によって，仕入単価が異なるためである。

このとき，販売時の払出単価（売上原価）を計算する方法には，先入先出法，移動平均法，総平均法などいくつかの方法がある。いずれの方法を採用するかは企業に任されているが，特別な理由がない限り，一度採用した方法を継続して用いることとされている。ここでは，そのうち先入先出法と移動平均法について説明する。

先入先出法（First-in first-out method：FIFO）は，先に仕入れた商品から順に払い出されると仮定して払出単価を決定する方法であり，買入順法ともよばれる。先入先出法による記帳で重要なことは，先に仕入れた商品と，次に仕入れた商品で単価が異なる場合，残高欄において，それらを複数の行で記録することである。すなわち，先に仕入れた商品を上の行に，後で仕入れた商品を下の行に記入することにより，常にどちらが先に仕入れたものかを区別できるようにしておく必要がある。

移動平均法（Moving average method）は，新しい商品を仕入れるつど，すでにある在庫の金額と新たに仕入れた金額の合計額を，既存の在庫の数量と新たに仕入れた数量の合計数で除して平均単価を算出し，これを在庫残高の新しい単価とする方法である。したがって，新たな仕入れが行われるつど，このような計算が行われて算出された平均単価が，その後における払出単価として利用されることになる。

▶▶▶〈設例〉

次に示すA商品の取引にもとづき，先入先出法および移動平均法によって商品有高帳を作成する。

7/ 1	前月繰越	50個	@100円	
9	仕　　入	50個	@120円	
12	売　　上	80個	@150円	（売価）
19	仕　　入	40個	@125円	
22	売　　上	40個	@180円	（売価）

※先入先出法による場合

商品有高帳

A 商品

日付		摘要	受入高			払出高			残高		
			数量	単価	金額	数量	単価	金額	数量	単価	金額
7	1	前月繰越	50	100	5,000				50	100	5,000
	9	仕入	50	120	6,000				50	100	5,000
									50	120	6,000
	12	売上				50	100	5,000			
						30	120	3,600	20	120	2,400
	19	仕入	40	125	5,000				20	120	2,400
									40	125	5,000
	22	売上				20	120	2,400			
						20	125	2,500	20	125	2,500
	31	**次月繰越**				**20**	**125**	**2,500**			
			140		16,000	140		16,000			
8	1	前月繰越	20	125	2,500				20	125	2,500

※移動平均法による場合

商品有高帳

A 商品

日付		摘要	受入高			払出高			残高		
			数量	単価	金額	数量	単価	金額	数量	単価	金額
7	1	前月繰越	50	100	5,000				50	100	5,000
	9	仕入	50	120	6,000				100	110	11,000
	12	売上				80	110	8,800	20	110	2,200
	19	仕入	40	125	5,000				60	120	7,200
	22	売上				40	120	4,800	20	120	2,400
	31	**次月繰越**				**20**	**120**	**2,400**			
			140		16,000	140		16,000			
8	1	前月繰越	20	120	2,400				20	120	2,400

※ 7 月 9 日残高の平均単価（110 円）は，次のように計算される。

$$\frac{\text{7/1 商品残高(5,000 円)} + \text{7/9 仕入原価(6,000 円)}}{\text{7/1 商品数量（50 個）} + \text{7/9 仕入数量（50 個）}} = \frac{\text{11,000 円}}{\text{100 個}} = \text{110 円}$$

商品有高帳は通常 1 ヵ月単位で締切が行われ，次月に繰り越す数量，単価，金額（残高欄の最終行に記載された数値）を，払出欄に赤字で転記する。それにより，受入高欄の数量合計と金額合計が，払出高欄の数量合計と金額合計にそれぞれ一致することが確認できる。

その結果として，先入先出法と移動平均法のいずれの場合でみても，受入高欄と払出高欄の数量合計は140個で一致し，金額合計も16,000円で一致することになる。なお，このとき払出高欄の金額のうち，月末の在庫金額を除いた額は，販売（払出）した商品の原価となるため**売上原価**を示している。

そして，売上高から売上原価を差し引くと，**売上総利益**を計算することができる。今回の設例における売上高，売上原価，売上総利益を計算すると，次のようになる。

売上高：@150 × 80 + @180 × 40 = 19,200円

先入先出法による売上原価：5,000 + 3,600 + 2,400 + 2,500 = 13,500円
移動平均法による売上原価：8,800 + 4,800 = 13,600円

先入先出法による売上総利益：19,200 − 13,500 = 5,700円
移動平均法による売上総利益：19,200 − 13,600 = 5,600円

第5章

売掛金と買掛金

<この章で学ぶ勘定科目>

売掛金　買掛金　クレジット売掛金
貸倒損失　貸倒引当金繰入
貸倒引当金　償却債権取立益

<この章で学ぶ帳簿>

売掛金元帳　買掛金元帳

1 売掛金と買掛金

この章では，前章で学んだ商品の売買取引，特に掛取引にかかわる仕訳と，それに関する帳簿についてより詳しく学習する。

売買取引においては，商品やサービスを引き渡したり，受け取ったりする時点では現金等の授受が行われず，一定期間の後に代金が支払われるというように，売買と決済に時間的なずれが生じる場合がある。今日では，このような**信用取引**が一般化しているが，特に得意先に商品等を引き渡し，一定期間後に代金を受け取るような販売形態を掛売上あるいは掛売という。

商品を掛けで販売したときは，**売上**勘定（収益）の貸方に販売額を，**売掛金**勘定（資産）の借方に販売代金の未収額を仕訳する。売掛金勘定は，得意先との通常の取引にもとづいて発生した商品等の販売代金の未収分であり，後日，売上代金を受け取る権利としての**売上債権**を示す，資産に属する勘定科目である。そして，後に売掛金が決済された際には，決済金額が売掛金勘定の貸方に仕訳されて債権が消滅する。

▶▶▶〈設例〉

4/14　大阪商事に商品300,000円を販売し，代金は掛けとした。

(借) 売　掛　金	300,000	(貸) 売　　　上	300,000

4/20　後日，上記の販売代金を現金で受け取った。

(借) 現　　　金	300,000	(貸) 売　掛　金	300,000

それに対して，商品等を受け取り，一定期間後に代金を支払う仕入形態を掛仕入あるいは掛買という。商品を掛けで仕入れたときは，**仕入**勘定（費用）の借方に仕入額を，**買掛金**勘定（負債）の貸方に仕入代金の未払額を仕訳する。

買掛金勘定は，仕入先との通常の取引にもとづいて発生した商品等の仕入代金の未払分であり，後日，仕入代金を支払う義務としての**仕入債務**を示す，負債に属する勘定科目である。そして，後に買掛金が決済された際には，決済金額が買掛金勘定の借方に仕訳されて債務が消滅する。

▶▶▶〈設例〉

5/18　京都商事から商品100,000円を仕入れ，代金は掛けとした。

（借）仕　　　　入　100,000　　（貸）買　掛　金　100,000

5/28　後日，上記の仕入代金を現金で支払った。

（借）買　掛　金　100,000　　（貸）現　　　金　100,000

2 人名勘定と売掛金元帳・買掛金元帳

売掛金および買掛金の全体的な増減は，売掛金勘定あるいは買掛金勘定に示されるが，これらの勘定科目では，個々の取引先ごとの売掛金や買掛金の増減を明らかにすることはできない。そのため，人名勘定を利用して仕訳を行うことにより，取引先ごとの売掛金あるいは買掛金の増減を明らかにする方法が採用される場合がある。

売掛金について人名勘定を用いる場合，得意先の人名勘定（例えば，○○商店）の借方には当該得意先に対する売掛金の増加を，貸方にはその減少を仕訳する。また，買掛金の場合も同様に，人名勘定の貸方には当該仕入先に対する買掛金の増加を，借方にはその減少を仕訳することになる。

▶▶▶〈設例〉

5/20　横浜商事から商品100,000円を仕入れ，代金は掛けとした。

（借）仕　　　　入　100,000　　（貸）横　浜　商　事　100,000

5/28　上記の掛代金を現金で支払った。

（借）横　浜　商　事　100,000　　（貸）現　　　金　100,000

しかし，取引規模の拡大にともなって得意先や仕入先が多数になると，人名勘定によって相手先ごとに売掛金や買掛金を仕訳することが難しい場合も生じる。例えば，個々の企業ごとの売掛金の金額はすぐに把握できるが，売掛金の総額はすぐには把握できない，といった欠点が人名勘定にはある。

そのため，売掛金や買掛金の全体的な増減を**総勘定元帳**に記帳するとともに，得意先別の売掛金あるいは仕入先別の買掛金といった明細は，**補助簿**（**補助元帳**）に記帳することが合理的である。このとき，得意先別の売掛金明細を記載する補助簿を**売掛金元帳**（**得意**

先元帳），仕入先別の買掛金明細を記載する補助簿を**買掛金元帳**（**仕入先元帳**）という。そして，総勘定元帳の売掛金勘定・買掛金勘定は，補助簿におけるこれらの勘定を統括するための統制勘定あるいは**統括勘定**とよばれる。

▶▶▶〈設例〉

以下の取引を，総勘定元帳の売掛金勘定および売掛金元帳に記入した後，売掛金元帳の締切を行う。

5/ 8	京都商事に商品 200,000 円を売り上げ，代金は掛けとした。
10	京都商事に販売した商品について，納品遅延のために 20,000 円の値引きを承認した。
15	大阪商事に商品 550,000 円を売り上げ，代金は掛けとした。
30	売掛金（京都商事 130,000 円，大阪商事 200,000 円）を現金で受け取った。

5/ 8	(借) 売掛金（京都）	200,000	(貸) 売　　上	200,000
10	(借) 売　　上	20,000	(貸) 売掛金（京都）	20,000
15	(借) 売掛金（大阪）	550,000	(貸) 売　　上	550,000
30	(借) 現　　金	130,000	(貸) 売掛金（京都）	130,000
	(借) 現　　金	200,000	(貸) 売掛金（大阪）	200,000

総　勘　定　元　帳

売　掛　金

5/ 1	前月繰越	130,000	5/10	売　　上	20,000
8	売　　上	200,000	30	現　　金	130,000
15	売　　上	550,000	30	現　　金	200,000

売掛金元帳

京都商事

日付		摘要	借方	貸方	借/貸	残高
5	1	前月繰越	100,000		借	100,000
	8	売上	200,000		〃	300,000
	10	値引き		20,000	〃	280,000
	30	現金回収		130,000	〃	150,000
	31	**次月繰越**		**150,000**		
			300,000	300,000		
6	1	前月繰越	150,000		借	150,000

大阪商事

日付		摘要	借方	貸方	借/貸	残高
5	1	前月繰越	30,000		借	30,000
	15	売上	550,000		〃	580,000
	30	現金回収		200,000	〃	380,000
	31	**次月繰越**		**380,000**		
			580,000	580,000		
6	1	前月繰越	380,000		借	380,000

3 クレジット売掛金

小売業を営む企業では，顧客がクレジットカードを利用して代金の支払いをすることがある。この場合，クレジットカードによる支払いは，その代金の決済をクレジットカード会社（信販会社）が保証することによって成立するものであり，売り手側の企業は信販会社に対して債権を有することになる（顧客に対して債権を有するわけではない）。

そして，このとき売り手側の企業は，一定の手数料（クレジット手数料）を信販会社に対して負担する。なお，後日，顧客は信販会社に対して，口座引き落とし等を通じて代金の支払いを行う。

そのため，企業がクレジットカードで販売した場合には，信販会社に対する債権として，売掛金勘定でなく**クレジット売掛金**勘定（資産）の借方に仕訳する。さらに，信販会社に対して負担する手数料は，**支払手数料**勘定（費用）として借方に仕訳する。

▶▶▶〈設例〉

(1) 顧客に商品10,000円をクレジットカードで販売した。なお，手数料は販売額の5%で，信販会社に対する債権から控除するものとする。

(借)	クレジット売掛金	9,500	(貸) 売　　上	10,000
	支払手数料	500		

(2) 信販会社から，手数料を控除した販売代金が当社の当座預金口座に振り込まれた。

(借)	当座預金	9,500	(貸) クレジット売掛金	9,500

4 貸倒れと貸倒引当金の見積もり

信用取引において発生した売掛金等の債権は，得意先の倒産などによってその一部あるいは全額が回収できなくなることがある。このように債権の回収ができなくなることを貸倒れという。そのため，当期に発生した売掛金等の債権が貸倒れとなった場合には，当該金額を**貸倒損失**勘定（費用）の借方に仕訳するとともに，売掛金等の債権を減額する。

▶▶▶〈設例〉

兵庫商事が倒産し，売掛金450,000円が回収不能となった。

(借)	貸倒損失	450,000	(貸) 売掛金	450,000

また，期末に存在している売掛金等の債権は，必ずしも全額を回収できるとは限らない。そのため，決算にあたって債権の金額のうち，過去の実績貸倒率等を利用して貸倒れの予想額を見積もり，債権の貸倒見込額である貸倒引当金を設定する。

ただし，この場合，実際に債権の貸倒れが生じたわけではなく，あくまで見積もりに過ぎないため，債権金額を直接減額することはできない。そのため，貸倒見積額を**貸倒引当金繰入**勘定（費用）の借方に仕訳するとともに，**貸倒引当金**勘定（資産のマイナス）を設けて，貸倒見積額をその貸方に仕訳する。

このような仕訳をすることによって，貸借対照表には売掛金等の債権勘定と，貸倒見積額を示す貸倒引当金勘定が同時に表示される。そして，債権勘定の金額から貸倒引当金勘定の金額を控除すれば，債権の回収可能見込額がわかる。この場合の貸倒引当金勘定のように，その勘定科目だけでは意味をもたず，売掛金等の債権勘定（主たる勘定）の金額から差し引くことによって意味をもつ勘定科目のことを**評価勘定**という。

▶▶▶〈設例〉

決算に際して，売掛金の期末残高 1,000,000 円に対して 3%の貸倒れを見積もった。

（借）貸倒引当金繰入　30,000　（貸）貸 倒 引 当 金　30,000

なお，決算時における貸倒れの見積もりにあたって，前期に設定した貸倒引当金の残高が存在する場合がある。この場合，期末の貸倒見積額と，決算整理前の貸倒引当金の残高との差額のみを，貸倒引当金繰入勘定の借方と貸倒引当金勘定の貸方にそれぞれ仕訳する。このような方法を**差額補充法**という。

なお，前期に設定した貸倒引当金の残高が，期末における貸倒見積額を超過する場合には，当該超過分を，**貸倒引当金戻入**勘定（収益）の貸方に仕訳する。

▶▶▶〈設例〉

(1) 決算に際して，売掛金の期末残高 1,000,000 円に対して 3%の貸倒れを見積もった。なお，貸倒引当金勘定の残高が 10,000 円ある。

（借）貸倒引当金繰入　20,000　（貸）貸 倒 引 当 金　20,000

1,000,000 × 3% − 10,000 = 20,000 円

(2) 決算に際して，売掛金の期末残高 1,000,000 円に対して 3%の貸倒れを見積もった。なお，貸倒引当金勘定の残高が 35,000 円ある。

（借）貸 倒 引 当 金　5,000　（貸）貸倒引当金戻入　5,000

35,000 − 1,000,000 × 3% = 5,000 円

5 前期以前に発生した債権の貸倒れ

前期以前に発生した売掛金等の債権については，前期末において貸倒引当金が設定されている。そのため，すでに貸倒れの見積もり対象となっている債権が，翌期の会計期間に貸倒れた場合には，売掛金等の債権勘定の貸方に貸倒額を仕訳して，債権の金額を減少させるとともに，貸倒引当金勘定の借方にも貸倒額を仕訳して，**貸倒引当金**を取り崩す。

ただし，貸倒れの金額が貸倒引当金勘定の残高を超える場合には，当該超過額を**貸倒損失**勘定（費用）で仕訳する。

▶▶▶〈設例〉

(1) 得意先である和歌山商店の売掛金 30,000 円が貸倒れとなった。なお，貸倒引当金勘定の残高が 40,000 円ある。

(借) 貸 倒 引 当 金	30,000	(貸) 売 掛 金	30,000

(2) 得意先である和歌山商店の売掛金 30,000 円が貸倒れとなった。なお，貸倒引当金勘定の残高が 25,000 円ある。

(借) 貸 倒 引 当 金	25,000	(貸) 売 掛 金	30,000
貸 倒 損 失	5,000		

したがって，貸倒れが発生したときの仕訳をまとめると，次のようになる。

①**当期**の債権が貸倒れたとき ⇒ **貸倒損失**を計上する。

②**前期以前**の債権が貸倒れたとき ⇒ まず**貸倒引当金**をあてて，不足分は**貸倒損失**とする。

6 貸倒処理した債権を回収したとき

過去に貸倒れとして処理した債権が回収されることもあり得るが，このような場合には取り崩すべき債権がすでに消滅しているため，**償却債権取立益**勘定（収益）の貸方に仕訳する。

▶▶▶〈設例〉

前期に貸倒れとして処理した奈良商店に対する売掛金 30,000 円のうち，20,000 円を現金で回収した。

(借) 現 金	20,000	(貸) 償却債権取立益	20,000

第6章

手形と電子記録債権・債務

<この章で学ぶ勘定科目>

受取手形　支払手形

手形貸付金　手形借入金

電子記録債権　電子記録債務

<この章で学ぶ帳簿>

受取手形記入帳　支払手形記入帳

1 手形の仕訳

商品の仕入や販売による代金の決済手段のひとつとして，現金や小切手以外に，手形が利用されることがある。手形に金額等を記入し，相手に渡すことを手形の振り出しという。

下記は**約束手形**とよばれるもので，一定の期日に，一定の場所において，一定の金額を取引相手に支払うことを約束した証券である。約束手形以外に為替手形があるが，流通量はあまり多くはない。約束手形には**名宛人**（手形債権者），**振出人**（手形債務者），振出日（手形作成日），支払期日（満期日）などが記載されている。

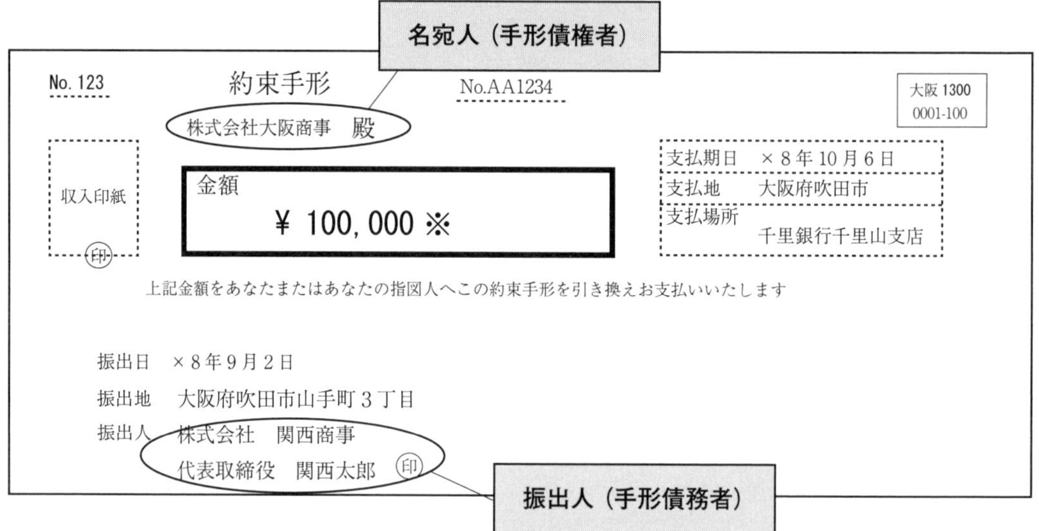

約束手形を振り出したとき，振出人（＝支払人）は手形債務を負うため，**支払手形**勘定（負債）の貸方に仕訳する。一方，約束手形を受け取ったとき，名宛人（＝受取人）は手形債権を得るので，**受取手形**勘定（資産）の借方に仕訳する。上記の約束手形の場合，取引関係は次のようになっている。

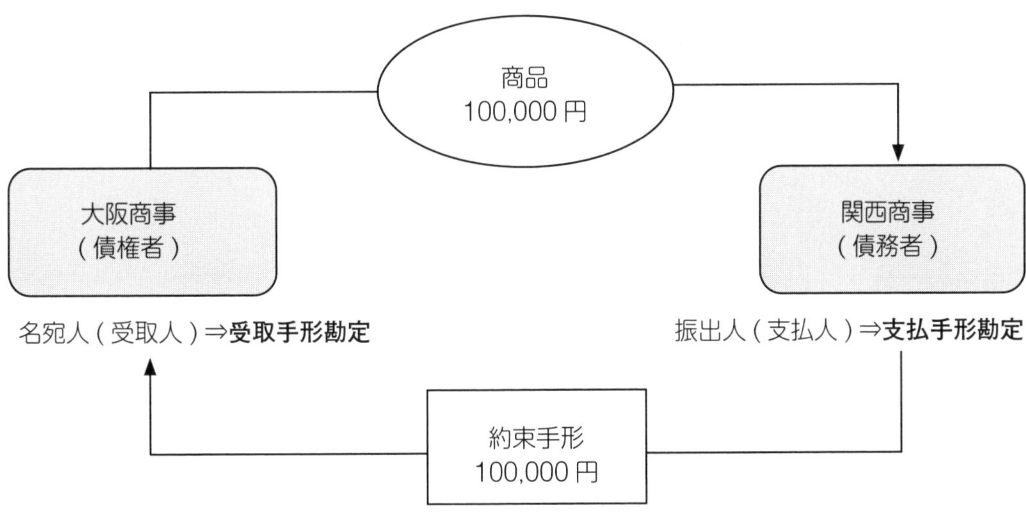

また，約束手形を取り立てたときは，受取手形勘定の減少として貸方に，約束手形を支払ったときは，支払手形勘定の減少として借方に仕訳される。そして，約束手形が支払期日に決済された場合は，当座預金口座等を通じて手形代金の受け払いが行われる。

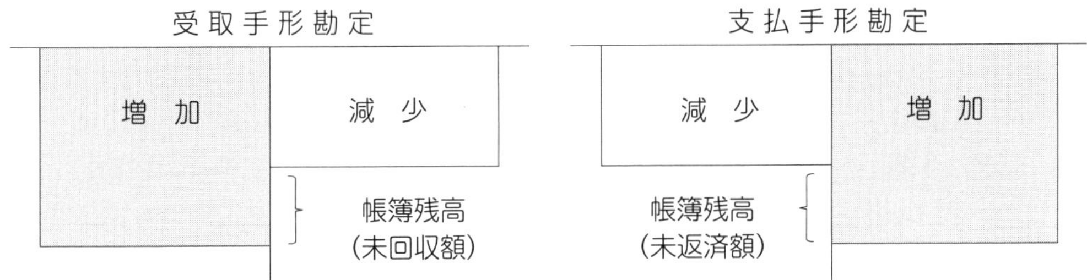

なお，手形と小切手は似ているが，小切手が受け取り直後に現金化できるのに対して，特別な場合を除いて，手形は記載された満期日後でなければ現金化できない点で異なる。以下，一連の仕訳を上記の約束手形の例を用いて行ってみる。

▶▶▶〈設例〉

9/2　大阪商事は，関西商事に商品 100,000 円を売り渡し，代金として関西商事振出の約束手形 100,000 円を受け取った。

大阪商事

(借) 受取手形	100,000	(貸) 売上	100,000

関西商事

(借) 仕入	100,000	(貸) 支払手形	100,000

10/6　大阪商事は，かねて取立を依頼しておいた関西商事が振り出した約束手形 100,000 円が大阪商事の当座預金口座に入金された旨，千里銀行から期日に通知を受けた。

大阪商事

(借) 当座預金	100,000	(貸) 受取手形	100,000

関西商事

(借) 支払手形	100,000	(貸) 当座預金	100,000

2 受取手形記入帳と支払手形記入帳

手形債権の発生および消滅は受取手形勘定に仕訳し，手形債務の発生および消滅は支払手形勘定に仕訳する。しかし，これらの勘定記入だけでは，個々の手形の増減や詳細を明らかにすることができない。そこで，手形ごとの内容（例えば，手形番号，振出日，支払期日など）を記録する**補助簿**（**補助記入帳**）として，**受取手形記入帳**と**支払手形記入帳**が利用される。

手形取引の仕訳と，受取手形記入帳および支払手形記入帳への記入の関係を示すと，以下のようになる。

▶▶▶〈設例〉

6/3　大阪商事へ商品 30,000 円を売り渡し，代金は同店振出の約束手形（#10）で受け取った。

振出日：6 月 3 日，支払期日：7 月 3 日，支払場所：千里銀行

(借) 受取手形	30,000	(貸) 売上	30,000

6/8　吹田商事から商品15,000円を仕入れ，代金は当店振出の約束手形（#4）を振り出して支払った。

振出日：6月8日，支払期日：7月8日，支払場所：淡路銀行

（借）仕　　　入　15,000　（貸）支 払 手 形　15,000

6/16　仕入先豊津商事に対する買掛金50,000円を決済するため，当店の約束手形（#12）を振り出して支払った。

振出日：6月16日，支払期日：9月16日，支払場所：山田銀行

（借）買　掛　金　50,000　（貸）支 払 手 形　50,000

7/3　取引銀行から，大阪商事振出の約束手形（#10）30,000円が決済され，当座預金に入金された旨の通知があった。

（借）当 座 預 金　30,000　（貸）受 取 手 形　30,000

7/8　吹田商事宛ての約束手形（#4）15,000円が満期となり，当座預金口座から引き落とされた。

（借）支 払 手 形　15,000　（貸）当 座 預 金　15,000

受 取 手 形 記 入 帳

×7年		手形種類	手形番号	摘　要	支払人	振出人	振出日		満期日		支払場所	手形金額	てん末		
							月	日	月	日			月	日	摘要
6	3	約手	10	売上代金	大阪商事	大阪商事	6	3	7	3	千里銀行	30,000	7	3	入金

支 払 手 形 記 入 帳

×7年		手形種類	手形番号	摘　要	受取人	振出人	振出日		満期日		支払場所	手形金額	てん末		
							月	日	月	日			月	日	摘要
6	8	約手	4	仕入代金	吹田商事	当店	6	8	7	8	淡路銀行	15,000	7	8	支払
6	16	約手	12	買掛金代金	豊津商事	当店	6	16	9	16	山田銀行	50,000			

手形の発生・増加　　**手形の消滅・減少**

このとき，手形種類の欄には受け取った（あるいは振り出した）手形の種類を略記（約束手形は「約手」）し，受取手形記入帳の支払人には手形債務の支払人を，支払手形記入

帳の受取人は手形債権の受取人を記入する。

そして,手形債権や手形債務が消滅したときには,てん末欄に受取手形であれば「入金」,支払手形であれば「支払」のように,その結果が記入される(「当座決済」といった書き方でもよい)。

3 手形貸付金と手形借入金

金銭の貸借において,借用証書の代わりに手形が振り出されることがある。この場合に生じる債権・債務は,一般の営業取引における債権・債務とは区別しなければならない。資金の貸借のために振り出される手形を金融手形といい,営業取引にともなって振り出される商業手形とは区別される。

資金を貸し付けるために金融手形を振り出したときは,**手形貸付金**勘定(資産)の増加として借方に仕訳し,返済を受けたときはその貸方に仕訳する。資金を借りるために金融手形を振り出したときは,**手形借入金**勘定(負債)の増加として貸方に仕訳し,返済したときはその借方に仕訳する。

▶▶▶〈設例〉

(1) 大阪商事は吹田商事に現金100,000円を貸し付け,同額の約束手形を受け取った。大阪商事と吹田商事それぞれの仕訳を示しなさい。

大阪商事

(借)	手形貸付金	100,000	(貸) 現金	100,000

吹田商事

(借)	現金	100,000	(貸) 手形借入金	100,000

(2) 上記(1)の約束手形につき,満期日が到来し,吹田商事から利息3,000円とともに現金で返済を受けた。

大阪商事

(借)	現金	103,000	(貸) 手形貸付金	100,000
			受取利息	3,000

吹田商事

(借)	手形借入金	100,000	(貸) 現金	103,000
	支払利息	3,000		

4 電子記録債権と電子記録債務の仕訳

電子記録債権は，手形や売掛金に代わる決済手段として普及し始めている。これは電子債権記録機関が管理する記録原簿に，売掛金などの債権を電子登録することで効力が発生する。電子記録債権の発生や決済をペーパレスで行うことができる点で，印紙税の節約や保管リスクの軽減といった手形の問題点は克服される。電子記録債権の登録が行われると，取引の相手側に通知され，支払期日の到来によって自動的に銀行口座を通じた決済が行われる。

なお，債権者と債務者のどちらでも記録の請求を行うことができるが，双方が合意する必要がある。電子記録債権が発生すると，債権者（受け取る側）は**電子記録債権**勘定（資産）の借方に，消滅するときにはその貸方に仕訳する。電子記録債務が発生すると債務者（支払う側）は**電子記録債務**勘定（負債）の貸方に，消滅するときにはその借方に仕訳する。

▶▶▶〈設例〉

(1) 大阪商事は，関西商事に商品100,000円を売り渡し，代金は掛けとした。

大阪商事

(借) 売掛金	100,000	(貸) 売上	100,000

関西商事

(借) 仕入	100,000	(貸) 買掛金	100,000

(2) 関西商事は，大阪商事に対する買掛金100,000円の支払いを電子債権記録機関で行うため，取引銀行（淡路銀行）を通して債務の発生記録を行った。また，大阪商事は取引銀行（千里銀行）よりその通知を受け，これを承諾した。

大阪商事

(借) 電子記録債権	100,000	(貸) 売掛金	100,000

関西商事

(借) 買掛金	100,000	(貸) 電子記録債務	100,000

(3) 大阪商事が電子債権記録機関に発生記録した債権 100,000 円の支払期日が到来し，関西商事の普通預金口座と大阪商事の当座預金口座の間で決済が行われた。

大阪商事

(借) 当座預金	100,000	(貸) 電子記録債権	100,000

関西商事

(借) 電子記録債務	100,000	(貸) 普通預金	100,000

なお，上記の設例の取引関係を図示すると，以下のようになる。

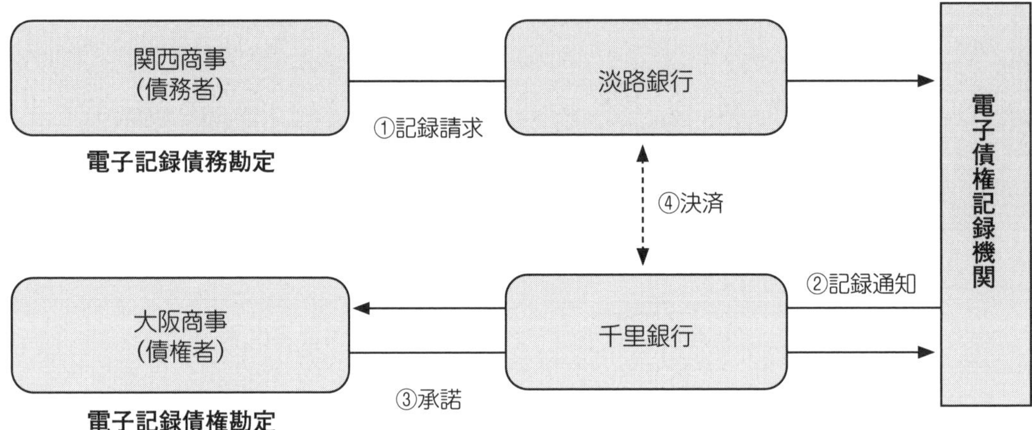

第7章

その他の債権と債務

<この章で学ぶ勘定科目>

貸付金　借入金

未収入金　未払金

前払金　前受金

立替金　預り金

仮払金　仮受金

受取商品券

差入保証金

1 その他の債権と債務

この章では，売掛金のような売上債権，買掛金のような仕入債務とは異なり，営業活動の主目的でない取引によって生じたその他の債権と債務の仕訳について説明する。

2 貸付金と借入金

企業は財務活動の一環として，資金の貸付や借入を行うことがある。他社に資金を貸したときには，将来的に資金の回収をすることができる権利が発生する。この権利（債権）は**貸付金**勘定（資産）で仕訳する。貸付金を貸し付けたとき（増加）は貸付金勘定の借方に，回収したとき（減少）は貸方に仕訳する。なお，従業員や役員に対する貸付の場合には，従業員貸付金勘定や役員貸付金勘定（いずれも資産）で仕訳することがある。

逆に，資金を借りたときには，将来的に資金を返済する義務が発生する。この義務（債務）は**借入金**勘定（負債）で仕訳する。借入金を借り入れたとき（増加）は借入金勘定の貸方に，返済したとき（減少）は借方に仕訳する。なお，従業員や役員から借入れを行った場合には，従業員借入金勘定や役員借入金勘定（いずれも負債）で仕訳することがある。

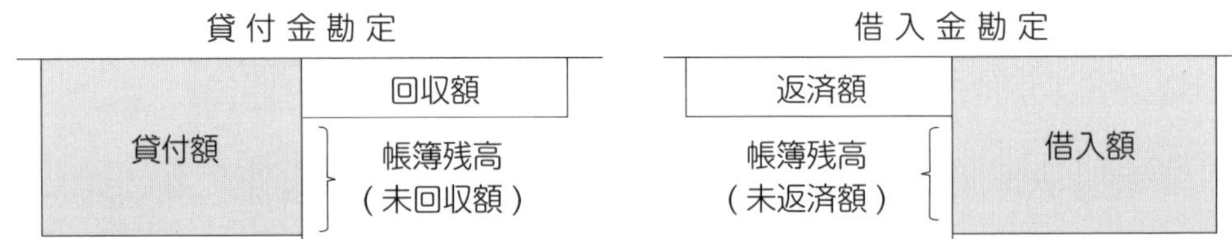

▶▶▶〈設例〉

(1) 関西商事は，大阪商事に100,000円を期間6ヵ月，年利率2%で貸し付けた。貸付にあたって，小切手を振り出した。大阪商事はただちに小切手を当座預金に預け入れた。

関西商事

(借) 貸付金	100,000	(貸) 当座預金	100,000

大阪商事

(借) 当座預金	100,000	(貸) 借入金	100,000

⑵ 関西商事は，満期日に大阪商事に対する貸付金を，利息とともに同店振出の小切手で回収した。

関西商事

(借)	現　　　金	101,000	(貸) 貸　付　金	100,000
			受 取 利 息	1,000

大阪商事

(借)	借　入　金	100,000	(貸) 当 座 預 金	101,000
	支 払 利 息	1,000		

なお，６ヵ月分の利息は次のように計算される。

$$\text{貸付金（借入金）の額} \times \text{年利率} \times \frac{6\text{ヵ月}}{12\text{ヵ月}} = 100{,}000\text{円} \times 2\% \times \frac{6}{12} = 1{,}000\text{円}$$

３ 未収入金と未払金

商品の売り渡しや仕入れにともなう債権・債務は，**売掛金**勘定および**買掛金**勘定で仕訳する。それに対して，オフィスで使用するパソコンや営業用自動車，土地の購入・売却のような，主たる営業活動ではない取引によって生じる債権･債務は，**未収入金**勘定（資産）および**未払金**勘定（負債）で仕訳を行う。

このとき，後で受け取ることになった債権が発生したときは未収入金勘定の借方に，その代金を回収したときは未収入金勘定の貸方に仕訳する。また，後で支払うことになる債務が発生したときは未払金勘定の貸方に，その代金を支払ったときは未払金勘定の借方に仕訳する。

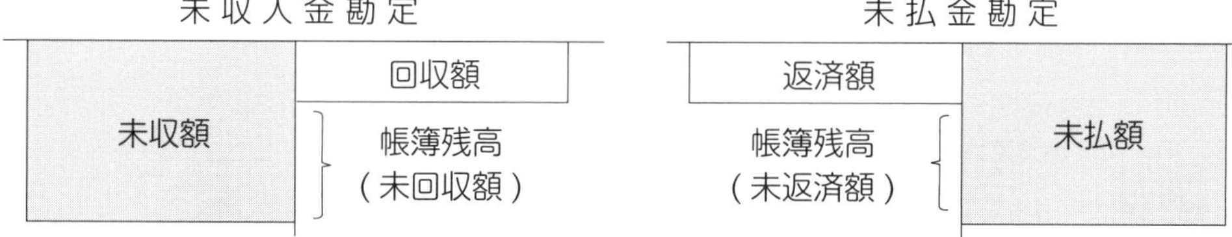

※**商品**代金の未収額は**売掛金**勘定で，**それ以外**の未収額は**未収入金**勘定で仕訳する。
商品代金の未払額は**買掛金**勘定で，**それ以外**の未払額は**未払金**勘定で仕訳する。

▶▶▶〈設例〉

(1) 不要となったコピー機（帳簿価額60,000円）を60,000円で売却し，代金は翌月末に受け取ることとした。

(借) 未収入金	60,000	(貸) 備品	60,000

(2) 上記（1）で売却した備品の代金60,000円を，本日，現金で受け取った。

(借) 現金	60,000	(貸) 未収入金	60,000

(3) パソコンを250,000円で購入し，代金のうち60,000円は現金で支払い，残額は翌月末に支払うことにした。

(借) 備品	250,000	(貸) 現金	60,000
		未払金	190,000

(4) 月末になって，上記（3）の残額について小切手を振り出して支払った

(借) 未払金	190,000	(貸) 当座預金	190,000

4 前払金と前受金

商品を仕入れるときに，その代金の全部または一部を手付金もしくは内金などの名目で仕入先にあらかじめ支払っておくことがある。このように将来，商品を受け取ることができるという権利が生まれたときは，前払いした金額を**前払金**勘定（資産）の借方に仕訳する。そして後日，商品を受け取ったときに前払金勘定の貸方に仕訳するとともに，仕入勘定の借方に振り替える。なお，前払金を差し引いた仕入代金の残額について，後日に支払いを行うときは買掛金勘定で仕訳する。

それに対して，商品を引き渡す前にその代金を受け取った相手方は，将来に商品を引き渡さなければならないという義務が生まれるので，これを**前受金**勘定（負債）の貸方に仕訳する。そして後日，商品を引き渡したときに前受金勘定の借方に仕訳するとともに，売上勘定の貸方に振り替える。なお，前受金を差し引いた売上代金の残額について，後日に受け取る場合は売掛金勘定で仕訳する。

前払金勘定	
手付金・内金の支払額	実際の商品の受取

前受金勘定	
実際の商品の引渡	手付金・内金の受取額

▶▶▶〈設例〉

(1) 関西商事は大阪商事に商品250,000円を注文し，その手付金として100,000円の小切手を振り出して，大阪商事に渡した。

関西商事

(借)			(貸)	
前払金	100,000		当座預金	100,000

大阪商事

(借)			(貸)	
現金	100,000		前受金	100,000

(2) 関西商店は大阪商事より上記の注文商品を受け取り，手付金を差引いた残額は掛けとした。

関西商事

(借)			(貸)	
仕入	250,000		前払金	100,000
			買掛金	150,000

大阪商事

(借)			(貸)	
前受金	100,000		売上	250,000
売掛金	150,000			

5 立替金と預り金

取引先や従業員など，他者の代理で現金の支払いを行ったり，他者の代理で支払うために現金を預かったりする場合にも債権・債務を計上する。このとき，一時的に金銭の立替払いしたときには**立替金**勘定（資産）の借方に仕訳し，返済を受けたときはその貸方に仕訳する。なお，取引先に対する立替払いと区別するために，従業員に対する立替払いについては従業員立替金勘定で仕訳する場合もある。

また，一時的に金銭を預かったときには**預り金**勘定（負債）の貸方に仕訳し，これを支払ったときにはその借方に仕訳する。例えば，従業員が支払うべき所得税や，社会保険料の従業員負担分は，通常，企業が給料から差し引いて預かっておき，後日，従業員に代わって国や地方自治体などに納付する（ただし，社会保険料のうち企業負担分は，**法定福利費**勘定（費用）で仕訳する)。そして，このように給与から差し引かれた（源泉徴収された）所得税のことを源泉所得税という。

なお，立替金勘定の場合と同様に，従業員に対する預り金については，従業員預り金勘定で仕訳する場合もある。さらに，種々の預り金がある場合には，各々の内容を明らかにするために，所得税預り金勘定や社会保険料預り金勘定で仕訳することもある。

立替金勘定

一時的な立替払額	立替払の回収

預り金勘定

預り額の支払	一時的な預り額

▶▶▶ **〈設例〉**

(1) 従業員に対して，給料日前に現金25,000円を一時的に立替えた。

(借)	従業員立替金	25,000	(貸) 現　　金	25,000

(2) 従業員の給料260,000円の支払いに対して，一時的な立替払い分25,000円，源泉所得税20,000円，従業員負担分の社会保険料12,000円を差引いた203,000円を現金で支払った。

(借)	給　　料	260,000	(貸) 従業員立替金	25,000
			所得税預り金	20,000
			社会保険料預り金	12,000
			現　　金	203,000

(3) 上記（2）の源泉所得税20,000円を税務署に現金で納付した。

(借)	所得税預り金	20,000	(貸) 現　　金	20,000

(4) 社会保険料について，従業員負担分12,000円と企業負担分（法定福利費）12,000円をまとめて現金で支払った。

(借)	社会保険料預り金	12,000	(貸) 現　　金	24,000
	法定福利費	12,000		

6 仮払金と仮受金

最終的な勘定科目あるいは金額が確定していない現金等の授受が行われたときは，一時的な仮勘定として債権・債務を計上する。現金等の支出はあったものの，その内容または金額が未確定であるときには，**仮払金**勘定（資産）の借方に仕訳する。

また，現金等の収入はあったものの，その内容または金額が未確定であるときには，**仮受金**勘定（負債）の貸方に仕訳する。仮払金および仮受金は，後日，勘定科目あるいは金額が確定したら適切な勘定科目等へと振り替える。

例えば，仮払金は従業員が出張する場合に使用されることが多い。従業員が出張するときに事前に金額を見積もって現金等を渡すとともに，仮払金勘定で仕訳しておく。そして，帰着後に実際の支出額を旅費交通費勘定（費用）に振り替えるとともに，残額を現金等に戻し入れる。さらに，仮払金は得意先を接待する際などにも用いられるが，その場合は実際の支出額は交際費勘定（費用）に振り替えられる。

また，仮受金は原因不明の入金等がある場合に使用されることが多い。内容がわからない入金について，一時的に仮受金勘定で仕訳をしておくことによって，入金額を漏れなく記録しておくことができる。そして，入金の内容が判明した時点で，正しい勘定科目へと仮受金を振り替えるのである。

したがって，これらの仮勘定は，一時的な記帳処理のために設けられる帳簿上の技法であり，仮払金や仮受金は正規の勘定科目ではない。不確定な事項をとりあえず処理するために仮勘定を設けておき，最終的な決算までに正しい勘定科目へと振り替えて，仮払金および仮受金の残高がゼロになるようにする必要がある。

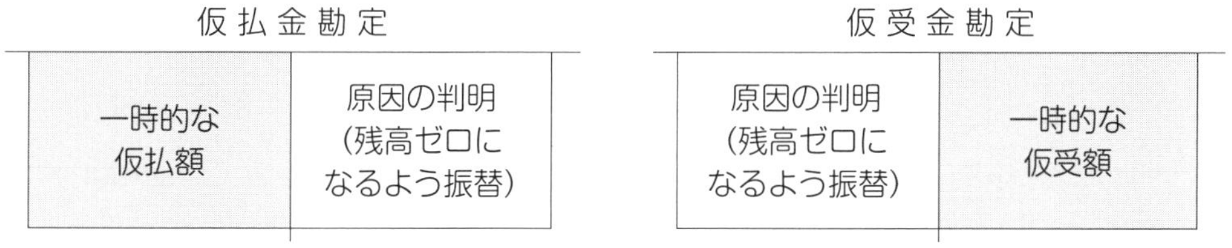

仮払金勘定

一時的な仮払額	原因の判明（残高ゼロになるよう振替）

仮受金勘定

原因の判明（残高ゼロになるよう振替）	一時的な仮受額

▶▶▶〈設例〉

(1) 従業員の出張にあたり，旅費の概算額30,000円を現金で前渡しした。

(借) 仮払金	30,000	(貸) 現金	30,000

(2) 上記（1）の従業員の旅費を精算し，残高8,000円を現金で受け入れた。

(借) 旅費交通費	22,000	(貸) 仮払金	30,000
現金	8,000		

(3) 出張先の従業員から120,000円の当座振込があったが，その内容が不明であった。

(借) 当座預金	120,000	(貸) 仮受金	120,000

(4) 上記（3）の従業員が出張先から帰着し，振込額の内容が得意先に対する売掛金の回収であることが判明した。

(借) 仮受金	120,000	(貸) 売掛金	120,000

7 受取商品券

デパートや地方公共団体が発行する商品券や，クレジットカード会社などが発行するギフトカード（商品券の一種）は，商品売上時に代金として利用されることがある。このとき，受け取った商品券は，あとで発行者に買い取ってもらって代金を受け取ることができるため，**受取商品券**勘定（資産）の借方に仕訳する。そして，商品券と引き換えに発行者から現金等を受け取ったときには，受取商品券勘定の貸方に仕訳する。

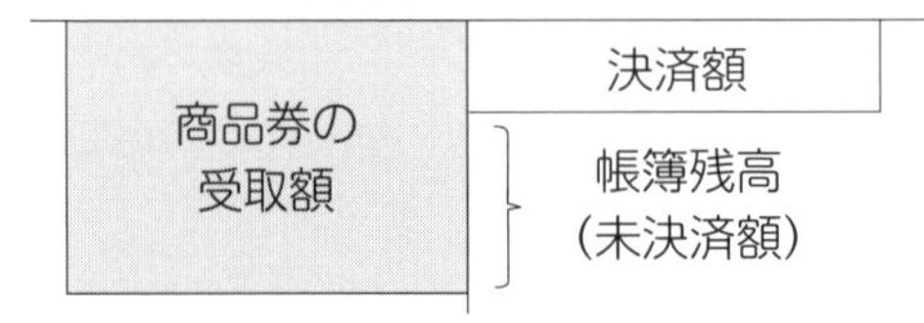

▶▶▶〈設例〉

(1) 商品40,000円を販売し，代金のうち30,000円は他社発行の商品券で，残額は現金で受け取った。

(借) 受取商品券	30,000	(貸) 売　　上	40,000
現　　金	10,000		

(2) 上記の商品券30,000円の決済を請求し，同額が当社の当座預金口座に振り込まれた。

(借) 当座預金	30,000	(貸) 受取商品券	30,000

8 差入保証金

差入保証金とは，取引先と営業取引をする際に，債務不履行（故意または過失によって自己の債務を履行しないこと）が起きたときのために差し入れておく営業保証金や，建物の賃貸借契約の履行を担保するために差し入れる敷金などである。

差入保証金は，契約が終了したり，契約が解除されたりした場合などに，原則として返還を受けることができるため，保証金を支払ったときには**差入保証金**勘定（資産）の借方に仕訳する。そして，その後，保証金が戻ってきたときに差入保証金勘定の貸方に仕訳する。

差入保証金勘定

保証金の支払額	保証金の返済額

▶▶▶〈設例〉

(1) 新店舗を賃借し，1ヵ月分の家賃150,000円，敷金（保証金）300,000円を，普通預金口座から振り込んだ。

(借) 支払家賃	150,000	(貸) 普通預金	450,000
差入保証金	300,000		

(2) 店舗の賃借契約を解除し，契約時に支払っていた敷金300,000円が，普通預金口座に振り込まれた。

(借) 普通預金	300,000	(貸) 差入保証金	300,000

第8章

有形固定資産の会計

＜この章で学ぶ勘定科目＞

備品　車両運搬具　建物　土地

減価償却費　減価償却累計額

修繕費

固定資産売却益　固定資産売却損

＜この章で学ぶ帳簿＞

固定資産台帳

1 有形固定資産とは

固定資産とは，長期間にわたる使用または長期の投資を目的として投下された資金の運用形態であり，なかでも具体的な形を有するものを**有形固定資産**という。例として，商品の陳列棚などの備品，店舗や工場などの建物，土地などがあげられる。

2 有形固定資産の取得

有形固定資産を取得（購入）した際には，当該資産に該当する勘定科目を設けて，その借方に取得原価を記入する。有形固定資産の取得原価は，次のように計算される。

有形固定資産の取得原価 ＝ 当該資産の買入価額 ＋ 付随費用

付随費用とは，購入した固定資産を使用するまでに要した費用であり，仲介手数料，引取運賃，整地費用などがある。

▶▶▶〈設例〉

(1) 商品の陳列棚を購入し，代金450,000円と引取運賃および据付費9,000円を，小切手を振り出して支払った。

(借)	備　品	459,000	(貸) 当座預金	459,000

(2) 営業用の軽自動車1台を購入し，代金1,000,000円と登録手数料など80,000円を，小切手を振り出して支払った。

(借)	車両運搬具	1,080,000	(貸) 当座預金	1,080,000

(3) 事務所用の建物を購入し，代金3,000,000円は小切手を振り出して支払ったが，仲介手数料など90,000円は現金で支払った。

(借)	建　物	3,090,000	(貸) 当座預金	3,000,000
			現　金	90,000

(4) 店舗用の土地100㎡を1㎡あたり15,000円で購入し，代金は小切手を振り出して支払った。なお，仲介手数料と整地費用145,000円は，現金で支払った。

（借）土　　　地	1,645,000	（貸）当 座 預 金	1,500,000
		現　　　金	145,000

3 資本的支出と収益的支出

有形固定資産を取得した後になって，当該資産に対して追加的に支出を行う場合，その支出によって当該資産の価値が増加したり，耐用年数が延びたりすることがあるが，このような支出を**資本的支出**という。資本的支出が行われた場合には，その支出額を有形固定資産の取得原価に加算する。

それに対して，当該資産を維持または管理することを目的とした支出を，**収益的支出**という。収益的支出が行われた場合には，**修繕費**勘定（費用）を設けて，その借方に支出額を仕訳する。

▶▶▶〈設例〉

(1) 店舗の耐震工事を行い，工事費2,800,000円を，小切手を振り出して支払った。なお，当該工事によって，店舗の耐用年数が延長される効果が認められた。

（借）建　　　物	2,800,000	（貸）当 座 預 金	2,800,000

(2) 倉庫の窓ガラスが破損したため，取替の費用50,000円を現金で支払った。

（借）修 繕 費	50,000	（貸）現　　　金	50,000

4 有形固定資産（非償却性資産）の売却

不用になった有形固定資産を売却する際に，当該資産の売却価額と帳簿価額が一致しない場合には，売却益または売却損が生じる。このとき，売却益は**固定資産売却益**勘定（収益）の貸方に仕訳し，売却損は**固定資産売却損**勘定（費用）の借方に仕訳する。

有形固定資産の**帳簿価額**とは，その時点において当該資産の勘定口座に示されている金額のことである。なお，後述するように，決算期末ごとに減価償却を行う**償却性資産**の場合には，その帳簿価額は取得原価から後述する**減価償却累計額**を控除した金額となる。以下の設例では，減価償却を行わない**非償却性資産**である土地の売買取引を示している。

▶▶▶〈設例〉

(1) 工場用の土地 6,000,000 円を購入し，仲介手数料と整地費用など 218,000 円とともに小切手を振り出して支払った。

(借) 土　　地	6,218,000	(貸) 当 座 預 金	6,218,000

(2) 上記(1)の土地を 7,800,000 円で売却し，代金は小切手で受け取った。

(借) 当 座 預 金	7,800,000	(貸) 土　　地	6,218,000
		固定資産売却益	1,582,000

(3) 上記(1)の土地を 5,500,000 円で売却し，代金は小切手で受け取った。

(借) 当 座 預 金	5,500,000	(貸) 土　　地	6,218,000
固定資産売却損	718,000		

5 減価償却の方法

有形固定資産（土地を除く）は，長期間にわたり使用されるにともなって，その価値が減少する。これを減価というが，当期中に生じた減価は，これを決算期末などに計算して，当期の費用すなわち**減価償却費**として計上する。償却性資産に対して必要になる，このような手続きを減価償却という。

減価償却は，いい換えれば，有形固定資産の取得原価を当該資産の使用年数にわたって，各期の費用として配分する手続きである。企業活動においては，有形固定資産への投資は収益獲得を目的として行われることから，当該資産の使用にともなって生じる当期の減価は，当期の収益を得るための努力ということになる。そこで，減価償却を介することにより，減価償却費（費用）が当期の収益と対応させられて，適正な**期間損益計算**が行われる。

このとき，減価償却費を計算する方法のひとつとして**定額法**がある。定額法は，時の経過にともなって，減価が平均的に生じるという前提に立った計算方法であり，次の計算式によって一年当たりの減価償却費を計算することができる。

$$\textbf{減価償却費} = \frac{\textbf{取得原価} - \textbf{残存価額}}{\textbf{耐用年数}}$$

取得原価とは，先に計算式を示したように，有形固定資産の買入価額と付随費用の合計額である。また，**耐用年数**とは，その有形固定資産に対して見積もられた使用可能年数であり，税法によって規定されている場合もある。そして，**残存価額**とは，有形固定資産が耐用年数に達した後に，処分される際に残っている価値の見積額である。

有形固定資産の取得原価と減価償却の関係を図示すると，以下のようになる。有形固定資産の帳簿価額は，減価償却費が計上された分だけ年々減少していき，耐用年数が経過した後には残存価額だけが残される。また，毎年の減価償却費を累積していくと，取得原価から期末時点でどれだけ当該資産の価値が落ちているかを把握することができるが，このように年々積み重ねられた減価償却費の合計のことを**減価償却累計額**という。

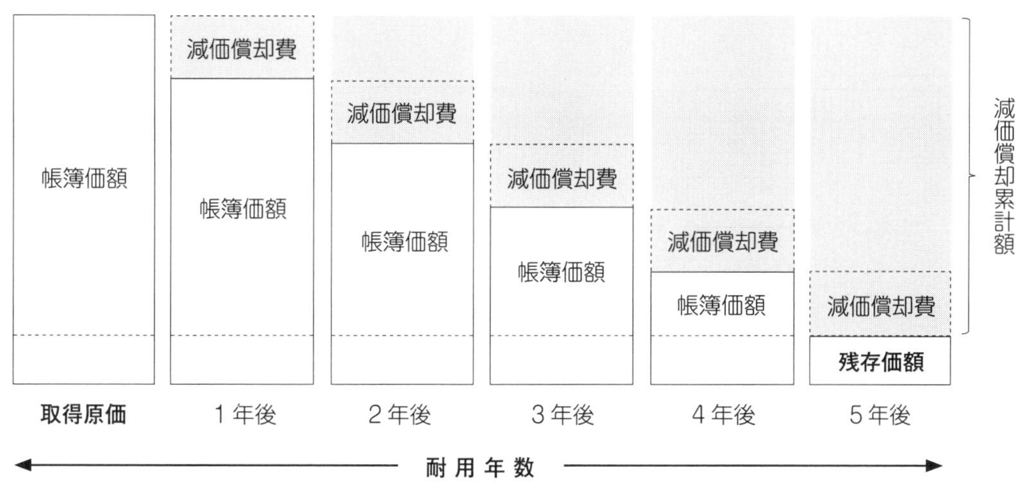

なお，上述した資本的支出によって有形固定資産の取得原価が増加している場合には，もともとの取得原価と当該増加額を含めた金額に対して，残されている耐用年数（残存耐用年数）にわたって減価償却を行う。

6 減価償却の仕訳

会計期間に相当する減価償却費を計算した後，これを**減価償却費**勘定（費用）の借方と**減価償却累計額**勘定の貸方に仕訳する。上述したように減価償却累計額は，有形固定資産を取得して以来，現在まで計上してきた各期の減価償却費の合計額であり，当該資産から控除されるべき金額である。

そのため，減価償却累計額勘定は，有形固定資産勘定に対する**評価勘定**（有形固定資産のマイナス）となり，以下の計算式によって有形固定資産の帳簿価額を把握することができる。

有形固定資産の帳簿価額 ＝ 有形固定資産の取得原価 － 減価償却累計額

このとき，有形固定資産を直接減額せずに，減価償却累計額勘定によって減額を示す記帳方法を**間接法**という。減価償却累計額勘定は，有形固定資産の種類ごとに設けられる。

▶▶▶〈設例〉

決算にあたり，当期首に取得した備品（取得原価500,000円，耐用年数10年，残存価額10%）に対し，定額法を用いて，減価償却を行う。記帳は間接法による。

（借）減　価　償　却　費　　45,000　　（貸）備品減価償却累計額　　45,000

$$減価償却費 = \frac{(500,000 - 500,000 \times 10\ \%)}{10年} = 45,000円$$

なお，決算日における備品，減価償却費および備品減価償却累計額の各勘定は，以下のようになる。

備　品	
500,000	

備品減価償却累計額	
	45,000

減価償却費	
45,000	

このように，減価償却費を計上しても，有形固定資産（上の勘定では「備品」）の金額は取得原価から変化しない。現時点における有形固定資産の帳簿価額を計算するには，その取得原価から減価償却累計額を差し引かなければならないため，減価償却累計額勘定は，有形固定資産のマイナスを表し，それゆえに評価勘定とよばれるのである。なお，有形固定資産の帳簿価額は，後述するように当該資産の売却時に計算する必要がある。

7 年次決算と月次決算

減価償却は通常，決算整理手続きとして行われる。決算は会社法上，年1回と規定されており，これを**年次決算**という。それに対して，毎月の業績などを把握するために月単位で決算が行われる場合があり，これを**月次決算**という。月次決算では，月割計算などを行って減価償却費を毎月計上する必要がある。

▶▶▶〈設例〉

1/1　倉庫を2,400,000円で購入し，代金は小切手を振り出して支払った。

(借) 建　　　物　2,400,000　　(貸) 当 座 預 金　2,400,000

1/31　当社は月次決算を採用しており，上記の倉庫の残存価額はゼロ，耐用年数は10年である。当社の会計期間は4月1日から翌年の3月31日までであり，記帳は間接法による。

(借) 減 価 償 却 費　20,000　　(貸) 建物減価償却累計額　20,000

$$減価償却費 = \frac{(2{,}400{,}000 - 0)}{10年} \div 12ヵ月 = 20{,}000円$$

2/28　月次決算を行い，上記の倉庫に対して減価償却を行った。

(借) 減 価 償 却 費　20,000　　(貸) 建物減価償却累計額　20,000

3/31　決算期末になり，上記の倉庫に対して減価償却を行った。

(借) 減 価 償 却 費　20,000　　(貸) 建物減価償却累計額　20,000

この設例では，月次決算を採用しているため，決算期末であっても3月分の減価償却費のみを計上すればよく，これとは別に決算整理を行う必要はない。それに対して，もしこの設例において年次決算が採用されている場合には，1月や2月に減価償却費は計上されず，期末の3月31日に一括して減価償却費が計上されるため，以下の仕訳が行われる。

3/31　決算期末になり，上記の倉庫に対して減価償却を行った。(年次決算のケース)

(借) 減 価 償 却 費　60,000　　(貸) 建物減価償却累計額　60,000

$$減価償却費 = \frac{(2{,}400{,}000 - 0)}{10年} \times \frac{3ヵ月}{12ヵ月} = 60{,}000円$$

年次決算のケースでは，建物を取得してから決算期末までに3ヵ月が経過している。そのため，会計期間の途中で有形固定資産を取得している場合には，減価償却費は1年間の金額を月割計算(12ヵ月で割って対象となる月数を掛ける)することによって算定される。なお，月割計算では1月20日のように，月の途中で取得した場合であっても，まる1ヵ月使用したものとして計算を行う。

8 有形固定資産（償却性資産）の売却

有形固定資産を売却したとき，期首に売却したか，期中や期末に売却したかによって仕訳が異なることに注意する必要がある。期首に売却をした場合は，当期中に当該資産を使用していないため，当期の減価償却費を考慮する必要はなく，期首以前に価値が落ちた分である減価償却累計額のみを取得原価から差し引いた金額が，売却時点での当該資産の帳簿価額となる。

それに対して，有形固定資産を期中や期末に売却した場合は，当期中に当該資産を使用しているため，当期中の価値の下落分である減価償却費を計算する必要がある。そのため，取得原価から減価償却累計額および当期の減価償却費を差し引いた金額が，売却時点での当該資産の帳簿価額となる。

期　首　売　却：有形固定資産の帳簿価額＝取得原価－減価償却累計額
期中・期末売却：有形固定資産の帳簿価額＝取得原価－減価償却累計額－当期の減価償却費

有形固定資産を売却するときには，当該資産の勘定の貸方に取得原価の金額を仕訳するとともに，減価償却累計額勘定の借方に期首までの減価償却累計額の金額を仕訳する。さらに，期中・期末に売却している場合には，減価償却費勘定の借方にも当期分の減価償却費の金額を仕訳する。それによって，当該資産が勘定口座から消滅し，貸方側に残った差額が売却時点での帳簿価額を意味することになる。

そして，売却代金として受け取る現金や未収入金などの資産が借方に仕訳される。このとき，売却代金が帳簿価額よりも大きい場合には**固定資産売却益**（収益）が得られ，売却代金が帳簿価額よりも小さい場合には**固定資産売却損**（費用）が生じる。

▶▶▶〈設例〉

(1) 商品の陳列棚（取得原価500,000円，備品減価償却累計額350,000円）を，期首に180,000円で売却し，代金は現金で受け取った。

（借）	備品減価償却累計額	350,000	（貸）備　　　品	500,000
	現　　　金	180,000	固定資産売却益	30,000

(2) 上記(1)の商品の陳列棚を，期首に96,000円で売却し，代金は現金で受け取った。

(借)		(貸)	
備品減価償却累計額	350,000	備　　品	500,000
現　　金	96,000		
固定資産売却損	54,000		

(3) 商品の陳列棚（取得原価500,000円，備品減価償却累計額350,000円，耐用年数10年，残存価額10%）を，7月31日に180,000円で売却し，代金は翌月に受け取ることとした。なお，会計期間は4月1日から3月31日までの1年間である。

(借)		(貸)	
備品減価償却累計額	350,000	備　　品	500,000
減価償却費	15,000	固定資産売却益	45,000
未収入金	180,000		

$$減価償却費 = \frac{(500{,}000 - 500{,}000 \times 10\ \%)}{10年} \times \frac{4\ カ月}{12\ カ月} = 15{,}000円$$

(4) 上記（3）の商品の陳列棚を，7月31日に96,000円で売却し，代金は翌月に受け取ることとした。なお，会計期間は4月1日から3月31日までの1年間である。

(借)		(貸)	
備品減価償却累計額	350,000	備　　品	500,000
減価償却費	15,000		
未収入金	96,000		
固定資産売却損	39,000		

9 固定資産台帳

有形固定資産を管理する目的で作成される**補助簿**（**補助元帳**）として，**固定資産台帳**がある。固定資産台帳では，有形固定資産を取得してから廃棄するまでの一連の過程が記録されるほか，減価償却費の計算に関わる項目が記載される。

このとき，期首減価償却累計額は当期首（下記の固定資産台帳でいえば，×5年4月1日）より前の期間における減価償却費の累計となり，取得原価から期首減価償却累計額および当期減価償却費を差し引くと，期末帳簿価額となる。なお，残存価額がゼロで耐用年数が到来した場合であっても，**備忘価額**として期末帳簿価額には1円が残される。

固定資産台帳　　×6年3月31日現在

取得日	摘要	期末数量	耐用年数	取得原価	期首減価償却累計額	当期減価償却費	期末帳簿価額
建物							
×1年1月1日	店舗	1	30年	6,000,000	850,000	200,000	4,950,000
備品							
×5年10月1日	備品A	1	5年	500,000	—	50,000	450,000
×4年4月1日	備品B	3	4年	600,000	150,000	150,000	300,000

残存価額をゼロとするとき，上記の固定資産台帳における当期減価償却費と期首減価償却累計額は，以下のように計算される。

建物当期減価償却費 $= \dfrac{(6{,}000{,}000 - 0)}{30\text{年}} = 200{,}000$ 円

備品A当期減価償却費 $= \dfrac{(500{,}000 - 0)}{5\text{年}} = 100{,}000$ 円 $\times \dfrac{6\text{ヵ月}}{12\text{ヵ月}} = 50{,}000$ 円

備品B当期減価償却費 $= \dfrac{(600{,}000 - 0)}{4\text{年}} = 150{,}000$ 円

建物期首減価償却累計額 $= 200{,}000 \times \dfrac{51\text{ヵ月}}{12\text{ヵ月}} = 850{,}000$ 円　※当期首までに4年3ヵ月経過

備品A期首減価償却累計額＝0円　※当期中に取得

備品B期首減価償却累計額＝150,000円　※当期首までに1年経過

株式会社会計

＜この章で学ぶ勘定科目＞

資本金　損益　繰越利益剰余金
利益準備金　未払配当金

＜この章で学ぶこと＞

株式会社　会社の設立・増資
損益振替　資本振替　配当

1 株式会社とは

株式会社とは，株式（株券）を発行することによって，出資者から資金を調達し，これを元手にして事業を行う組織をいう。株式の所有者は，株主とよばれる。**株式**は，会社における株主としての地位を表している権利であり，その所有数に応じて，株主には株主総会における議決権が与えられるほか，利益分配である配当を受けることができる。

ただし，株主は会社の所有者であるが，必ずしも経営者ではない。株式会社では，株主は出資した金額を限度として責任を負うにとどまるため（**有限責任**），株主の個人財産と会社の財産は区別されるだけでなく，会社経営をめぐっても株主と経営者は切り離されている（**所有と経営の分離**）。

2 会社の設立・増資

株式会社を設立する際に出資者は，その会社に現金等の財産を払い込んで，株式を取得する。このように株主から払い込まれた財産は，会社の資本金となる（会社法第445条第1項）。また，すでに存在している株式会社が，株式を新たに発行（増資）した場合も，株主から払い込まれた財産は，会社の資本金となる。このとき，会社を設立した際に株主から払い込まれた金額は，**資本金**勘定（資本）の貸方に仕訳する。

▶▶▶〈設例〉

(1) 関西商事株式会社は，その設立にあたって，株式100株を1株あたり3,000円で発行し，株主から全額の払込みを受けた。払込金は，当座預金口座に振り込まれた。

(借) 当 座 預 金	300,000	(貸) 資 本 金	300,000

また，既存の株式会社が新たに株式を発行することを増資という。増資を行った場合にも，会社設立の場合と同様の仕訳を行えばよい。

(2) 関西商事株式会社は，新たに株式50株を1株あたり4,000円で発行し，株主から全額の払込みを受けた。払込金は，当座預金口座に振り込まれた。

(借) 当 座 預 金	200,000	(貸) 資 本 金	200,000

3 利益の計算

決算期末になり，すべての決算整理が終了した後には，当期に生じた利益を計算するために，すべての収益勘定と費用勘定の金額を**損益**勘定に振り替える仕訳を行う（**損益振替**）。それにより，損益勘定の貸借差額が当期純利益または当期純損失を表すことになる（詳しくは第13章で説明する）。

損益振替を行ったら，引き続いて，損益勘定の貸借が一致するように，差額分を損益勘定の借方あるいは貸方に仕訳する。すなわち，損益勘定の貸方の方が大きい場合は，収益の方が費用よりも大きいため，**当期純利益**が生じていることになり，損益勘定の貸借が一致するように損益勘定の差額を借方に仕訳する。それに対して，損益勘定の借方の方が大きい場合は，収益よりも費用の方が大きいため，**当期純損失**が生じていることになり，損益勘定の貸借が一致するように損益勘定の差額を貸方に仕訳する。

そして，損益勘定が貸借一致するように仕訳をするときの相手科目には，**繰越利益剰余金**勘定（資本）を用いる。そのため，利益が生じている場合は，繰越利益剰余金勘定の貸方に，損失が生じている場合は，繰越利益剰余金勘定の借方に仕訳することになる（**資本振替**）。それによって，当期純利益あるいは当期純損失の金額が，資本の増減として貸借対照表に反映されるのである。

▶▶▶ **〈設例〉**

(1) 決算整理後の売上勘定の残高は1,400,000円，受取家賃勘定の残高は200,000円であったため，これらを損益勘定へ振り替えた（損益振替）。

(借) 売　　上	1,400,000		(貸) 損　　益	1,600,000
受取家賃	200,000			

(2) 決算整理後の仕入勘定の残高は1,200,000円，支払利息勘定の残高は150,000円であったため，これらを損益勘定へ振り替えた（損益振替）。

(借) 損　　益	1,350,000		(貸) 仕　　入	1,200,000
			支払利息	150,000

(3) 決算にあたり，関西商事株式会社は収益1,600,000円と費用1,350,000円をそれぞれ計上した。当期純利益を計算して，繰越利益剰余金勘定に振り替える（資本振替）。

（借）損　　　益	250,000	（貸）繰越利益剰余金	250,000

(4) 決算にあたり，関西商事株式会社は収益1,400,000円と費用1,570,000円をそれぞれ計上した。当期純損失を計算して，繰越利益剰余金勘定に振り替える（資本振替）。

（借）繰越利益剰余金	170,000	（貸）損　　　益	170,000

繰越利益剰余金勘定には，決算期末ごとに当該年度の純利益が振り替えられるため，現在までに累積した純利益の合計額が示される。上に示した設例（3）および（4）について，損益勘定による当期純利益（または当期純損失）の計算と，繰越利益剰余金勘定の関係を示すと下図のようになる。

なお，剰余金とは，諸取引を通じて得られた資本の増加のうち，資本金を除く部分のことをいう。このような剰余金は，**資本取引**（増資，減資など，資本そのものを直接増減させる取引）によって得られる**資本剰余金**と，**損益取引**（売上や諸経費など，収益や費用の発生をともなう取引）によって得られる**利益剰余金**に分類される。

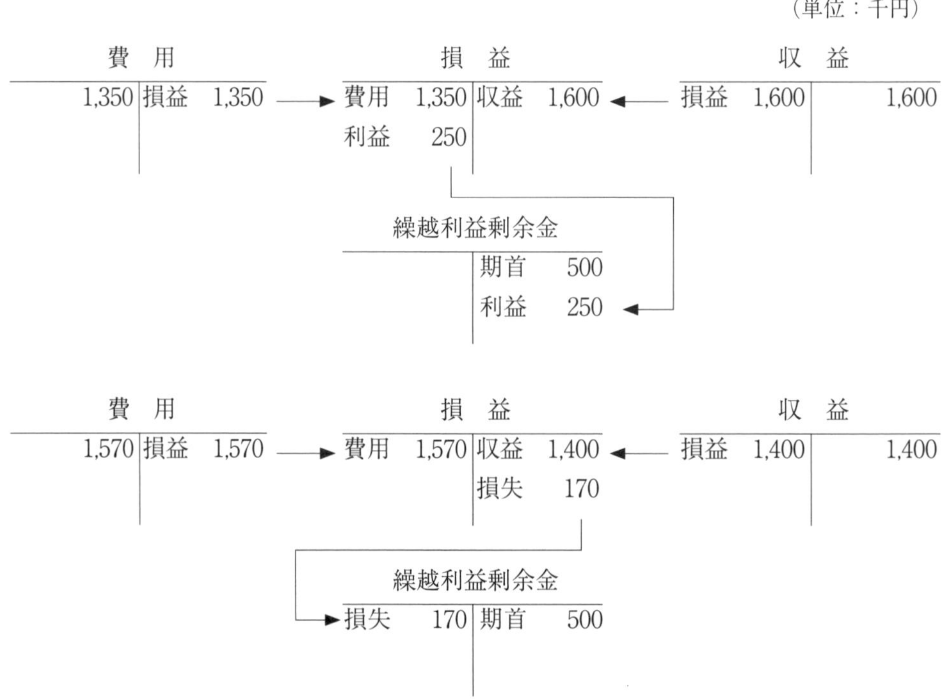

4 配　　当

株主は，所有している株式数に応じて，利益分配である**配当**を受け取ることができるが，繰越利益剰余金は，配当の主要な財源となる。配当は通常，株式会社の最高意思決定機関である**株主総会**の決議によって行われる（会社法第454条第1項）。

株主総会において配当に関する決議が行われた場合，配当額を**繰越利益剰余金**勘定（資本）から減額するとともに，同額を**未払配当金**勘定（負債）の貸方に仕訳する。ただし，配当に関する決議が行われた時点では，配当はいまだ株主に支払われていないため，未払配当金は後日，預金口座等から引き落されることによって，株主に対する支払いが行われる。

また，株式会社では，配当を行うたびに，その金額の10分の1を利益準備金として積み立てなければならないため（会社法第445条第4項），**利益準備金**勘定（資本）の貸方に仕訳するとともに，同額を繰越利益剰余金勘定（資本）の借方に仕訳して取り崩す。なお，利益準備金を積み立てる目的は**債権者保護**のためである。すなわち，配当によって会社の財産が社外に流出するが，これが過剰に行われないようにするため，配当のたびに配当財源の10分の1を利益準備金として積み立てることにより，債務の返済原資となる資本が目減りすることを防止するのである。

なお，利益準備金は，繰越利益剰余金を財源とする配当が行われる場合に積み立てられる**法定準備金**であり，同じく法定準備金である**資本準備金**と合わせた金額が，資本金の4分の1に達するまで，利益準備金を積み立てることが求められている。

▶▶▶〈設例〉

(1) 株主総会において，繰越利益剰余金から200,000円の配当を行う決議を行った。なお，配当額の10分の1を利益準備金として積み立てる。

(借) 繰越利益剰余金	220,000	(貸) 未払配当金	200,000
		利益準備金	20,000

(2) 株主総会の翌日，上記の配当金を当座預金から支払った。

(借) 未払配当金	200,000	(貸) 当座預金	200,000

第10章

税　金

<この章で学ぶ勘定科目>

租税公課

法人税，住民税及び事業税

仮払法人税等　未払法人税等

仮払消費税　仮受消費税　未払消費税

1 税 金 の 種 類

この章では，株式会社に関する税金について学習する。株式会社に関する税金は，①利益（正確には所得）以外の金額にもとづいて課される税金（租税公課）と，②利益（所得）の金額に対して課される税金（法人税，住民税及び事業税）がある。また，③消費という経済活動に対して課される税金（消費税）もある。

2 租 税 公 課

利益以外の金額にもとづいて課される税金には，例えば，固定資産税，自動車税，印紙税などがある。**固定資産税**は，毎年1月1日時点で建物や土地などを所有している場合に課され，**自動車税**は，毎年4月1日時点で自動車を所有している場合に課される税金である。また，**印紙税**は，多額の金銭の授受を証する契約書や領収書に収入印紙を貼る必要があり，収入印紙を購入する時点で税金が課されている。

これらの利益以外の金額にもとづいて課される税金は，利益の金額に対して課される税金とは異なり，**租税公課**勘定（費用）で仕訳を行う。

▶▶▶ **〈設例〉**

4/30　固定資産税200,000円を現金で納付した。

(借)	租　税　公　課	200,000	(貸) 現　　　金	200,000

5/20　自動車税90,000円を現金で納付した。

(借)	租　税　公　課	90,000	(貸) 現　　　金	90,000

6/10　収入印紙5,000円を購入し，代金は現金で支払った。

(借)	租　税　公　課	5,000	(貸) 現　　　金	5,000

※なお，決算時に未使用の収入印紙がある場合，租税公課勘定から貯蔵品勘定の借方に振り替えられる（詳しくは，第11章で学習する）。

3 法人税，住民税及び事業税

株式会社は，経済活動によって得られた利益（所得）の金額に対して，国から法人税が課されるとともに，地方公共団体からは住民税および事業税が課される。

法人税の金額は，当期に計上した税引前当期純利益を基礎として算定される所得にもとづいて計算され，また住民税および事業税の金額は，法人税の金額に連動して決定される。そして，住民税および事業税の申告や納付は，法人税に準じて行われるため，法人税，住民税および事業税をまとめて，**法人税，住民税及び事業税**勘定（費用）で仕訳が行われる（ただし，法人税等という勘定科目が用いられる場合もある）。

以下，法人税，住民税及び事業税に関する仕訳について，(1) 中間申告，(2) 決算，(3) 確定申告の時点に分けてみていくことにする。

(1) 中間申告

期首から6ヵ月を経過した日から2ヵ月以内に，**中間申告**にもとづいて中間納付を行う場合がある。このとき，中間納付した税額は**仮払法人税等**勘定（資産）の借方に仕訳する。

(2) 決算

税引前当期純利益を基礎として算定される，所得にもとづいて税額を計算し，**法人税，住民税及び事業税**勘定（費用あるいは利益処分）の借方に仕訳する。このとき，中間申告を行っている場合は，まず当該金額を仮払法人税等勘定（資産）の貸方に仕訳し，残額は**未払法人税等**勘定（負債）で仕訳する。

(3) 確定申告

決算時に計算された法人税などの税額は，原則，決算日後2ヵ月以内に申告する。これを**確定申告**といい，決算時に計上された未払法人税等の金額を納付し，未払法人税等勘定の借方に仕訳する。

なお，法人税，住民税及び事業税と仮払法人税等，未払法人税等の関係を図示すると，以下のようになる。

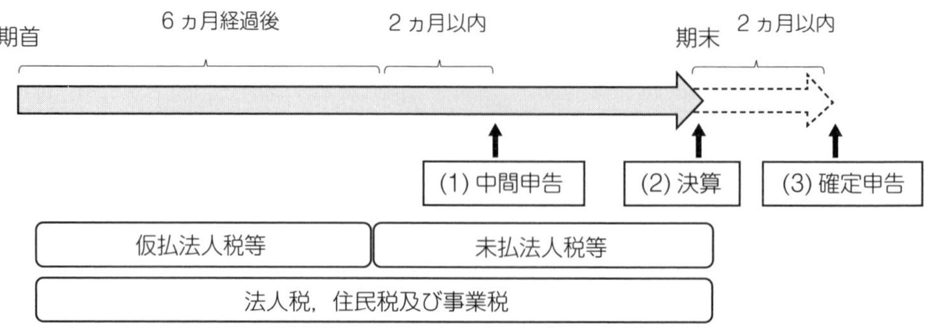

〈設例〉

×2年 11/15　法人税等の中間申告を行い，税額 300,000 円を普通預金から納付した。

(借)	仮払法人税等	300,000	(貸) 普通預金	300,000

×3年 3/31　×2年度の決算において，法人税，住民税及び事業税 550,000 円を計上した。

(借)	法人税,住民税及び事業税	550,000	(貸) 仮払法人税等	300,000
			未払法人税等	250,000

×3年 5/20　確定申告を行い，法人税などの税額 250,000 円を現金で納付した。

(借)	未払法人税等	250,000	(貸) 現金	250,000

4 消費税

株式会社は，商品の販売やサービスを提供した場合，販売価格に**消費税**を加算して代金を受け取る。消費税とは，最終的に消費者が負担する税金であり，株式会社が消費者の代わりに納税する**間接税**である。そして，株式会社が消費税を納付する際には，株式会社が商品を仕入れたとき等に支払った消費税を，消費者から受け取った消費税の額から控除して納付を行う。

消費税の会計処理には，税抜方式と税込方式の２つの方法があるが，通常，税抜方式で記帳される。**税抜方式**とは，消費税額を仕入や売上などの金額に含めず，もともとの代金と消費税額を区分して仕訳する方法である。

以下，税抜方式による消費税に関する仕訳について，(1) 消費税を支払ったとき，(2) 消費税を受け取ったとき，(3) 決算のとき，(4) 消費税を納付したとき，の時点に分けてみていくことにする。

(1) 消費税を支払ったとき

支払った消費税は，自らが消費税をすでに負担していることになるため，**仮払消費税**勘定（資産）の借方に仕訳する。

(2) 消費税を受け取ったとき

受け取った消費税は，消費者に代わり納付するために一時的に預かったと考え，**仮受消費税**勘定（負債）の貸方に仕訳する。

(3) 決算のとき

消費者から預かっている仮受消費税から，自らがすでに納めている仮払消費税を差し引いた金額が実際の納付額となるため，仮受消費税勘定は借方に，仮払消費税勘定は貸方に仕訳して相殺消去するとともに，その差額を**未払消費税**勘定（負債）の貸方に仕訳する。

(4) 消費税を納付したとき

確定申告の際に消費税を納付するため，未払消費税勘定（負債）の借方に仕訳をして，これを減少させる。

▶▶▶〈設例〉

×2年6/20　商品100,000円を仕入れ，代金は小切手を振り出して支払った。なお，消費税率は10%である。

(借)	仕　　　入	100,000	(貸) 当 座 預 金	110,000
	仮払消費税	10,000		

×2年9/20　上記の商品を150,000円で販売し，代金は掛けとした。なお，消費税率は10%である。

(借)	売　掛　金	165,000	(貸) 売　　　上	150,000
			仮受消費税	15,000

×３年 3/31　×２年度の決算において，納付すべき消費税額を計上した。

(借) 仮 受 消 費 税	15,000	(貸) 仮 払 消 費 税	10,000
		未 払 消 費 税	5,000

×３年 5/20　消費税の確定申告を行い，税額 5,000 円を現金で納付した。

(借) 未 払 消 費 税	5,0000	(貸) 現　　　　　金	5,000

なお，上記の設例における消費税の納付の仕組みを図示すると，以下のようになる。

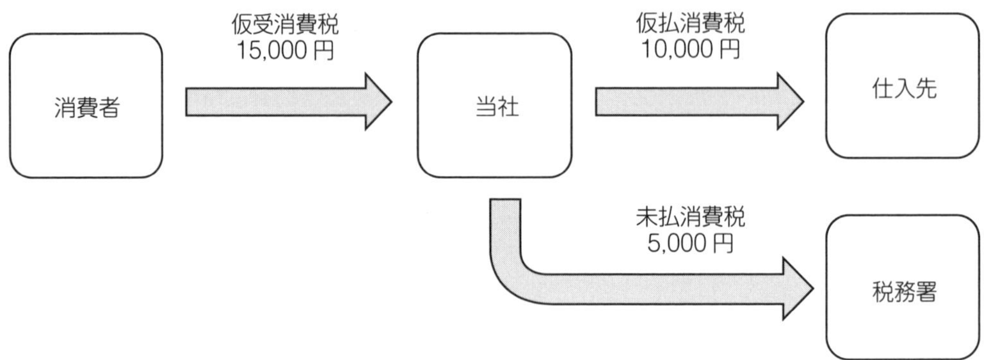

決　　算

<この章で学ぶ勘定科目>

売上原価　貯蔵品
前払費用　前受収益
未払費用　未収収益

<この章で学ぶ帳簿>

合計試算表　残高試算表
決算整理前残高試算表　決算整理後残高試算表
精算表

1 決算とは何か

簿記の目的は，企業の**財政状態**や**経営成績**を明らかにすることである。しかし，これまで学習してきた期中取引を仕訳・転記しているだけでは，この目的を達成することはできない。そこで，期末に総勘定元帳を整理し，帳簿を締め切り，**貸借対照表**および**損益計算書**を作成する必要がある。この一連の手続きを**決算**といい，決算を実施する日を**決算日**という。

決算の手続きは，決算整理前残高試算表の作成，決算整理仕訳，決算整理後残高試算表の作成，貸借対照表および損益計算書の作成という手順で進められる。なお，簿記の学習では，これらの決算手続きの流れを一覧表にまとめて処理することができる，**精算表**というワークシートがよく用いられる。

2 試　算　表

決算手続きに入るための準備として，まず総勘定元帳への転記の正確性を検証するために**決算整理前残高試算表**（前 T/B）が作成される。試算表（Trial Balance：T/B）とは，総勘定元帳の各勘定口座の合計額や残高を一覧にした集計表であり，毎日，毎週末，毎月末，決算期末など必要に応じて作成する。

試算表の形式は，中央に勘定科目を並べ，その左右に**総勘定元帳**から，各勘定科目の借方と貸方の金額が転記されている。なお，勘定科目欄は上から資産，負債，資本，収益，費用の順番で記入されており，試算表の借方合計欄と貸方合計欄は必ず一致する。

また，試算表の種類には，(1) 合計試算表，(2) 残高試算表，(3) 合計残高試算表の3種類がある。(1) **合計試算表**は，各勘定科目の借方合計と貸方合計が各々転記された集計表であり，(2) **残高試算表**は，各勘定科目の借方残高あるいは貸方残高（借方合計と貸方合計の差額のみ）が各々転記された集計表である。そして，(3) **合計残高試算表**は，合計試算表と残高試算表の両方が1つにまとめられた集計表である。総勘定元帳とこれらの試算表の関係を図示すると，以下のようになる。

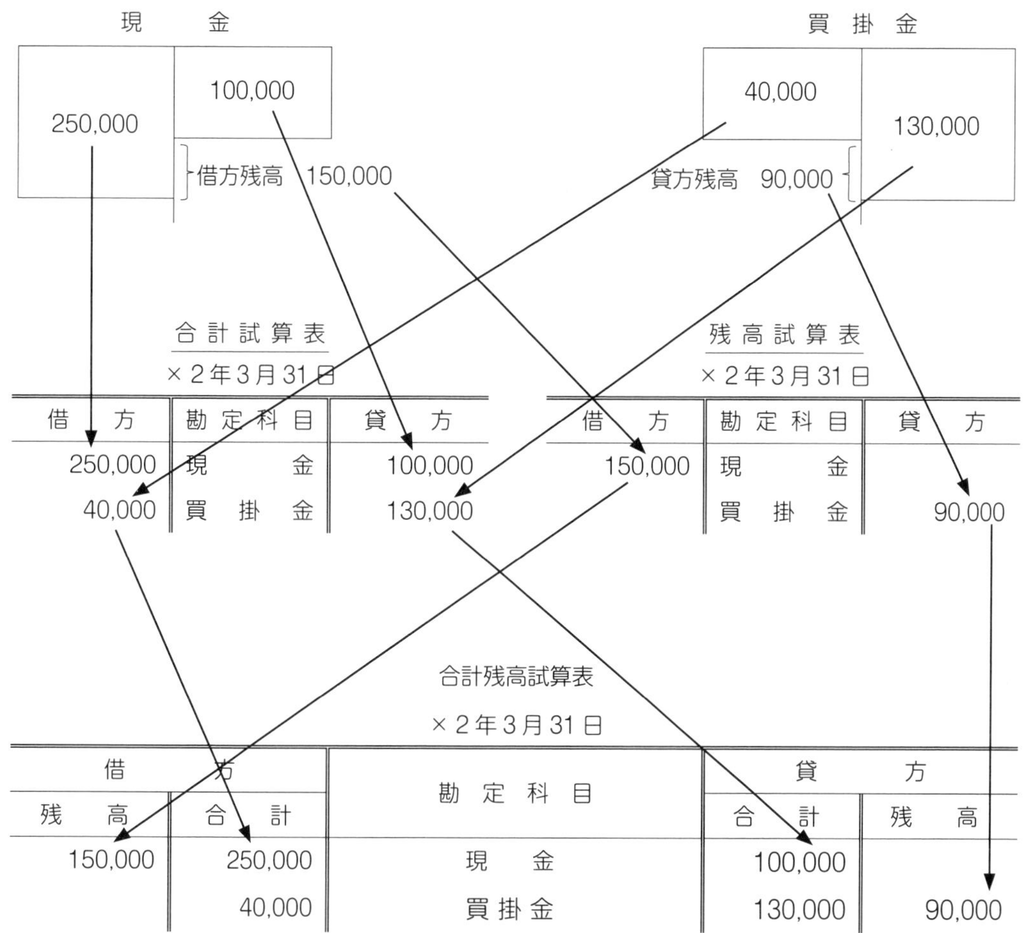

合計試算表
×2年3月31日

借　方	勘定科目	貸　方
250,000	現　金	100,000
40,000	買掛金	130,000

残高試算表
×2年3月31日

借　方	勘定科目	貸　方
150,000	現　金	
	買掛金	90,000

合計残高試算表
×2年3月31日

借方		勘定科目	貸方	
残　高	合　計		合　計	残　高
150,000	250,000	現　金	100,000	
	40,000	買掛金	130,000	90,000

3 決算整理仕訳

決算整理前残高試算表が作成できたら，引き続いて各勘定科目が正しく実際の残高や，当期に帰属する収益・費用の額を示すように，帳簿の記録を整理・修正する必要がある。このような手続きを決算整理という。

このとき，決算整理を必要とする項目を決算整理事項といい，その対象となる勘定科目を整理・修正する仕訳のことを**決算整理仕訳**という。そして，決算整理前残高試算表に決算整理仕訳を反映して，**決算整理後残高試算表**が作成される。決算整理事項の主な内容としては，下記の7つがあげられる。以下，商品の棚卸し，貯蔵品の棚卸し，費用の前払い・未払い，収益の前受け・未収に関する決算整理事項をみていく。

① 現金過不足の処理（第３章参照）
② 当座借越の処理（第３章参照）
③ 商品の棚卸し
④ 貸倒引当金の設定（第５章参照）
⑤ 固定資産に係る減価償却費の計上（第８章参照）
⑥ 貯蔵品の棚卸し
⑦ 費用の前払い・未払い，収益の前受け・未収

4 商品の棚卸し

期中において商品の売買取引を**３分法**で記帳した場合，当期に取得した商品はすべて**仕入**勘定（費用）で仕訳が行われている。そのため，期末に残った在庫を費用から差し引くために，仕入勘定（費用）の貸方に仕訳するとともに，**繰越商品**勘定（資産）の借方に仕訳して，在庫を資産に戻し入れる必要がある。

また，前期から繰り越された在庫がある場合は，前期末に決算整理仕訳が行われることによって，当期の決算整理前残高試算表の繰越商品勘定（資産）に計上されている（繰越商品勘定は決算整理仕訳でしか動かないため，決算整理前残高試算表の繰越商品勘定は前期末の在庫金額を表す)。しかし，これらの在庫も当期の販売対象となっているため，決算整理前残高試算表の繰越商品勘定（資産）を貸方に仕訳して，資産から取り崩すとともに，仕入勘定（費用）の借方に仕訳して，当期の費用に含める必要がある。

商品（３分法）の決算整理仕訳　※仕入勘定で売上原価を算定する場合

(借)	仕　　入	×××	(貸)	繰越商品	×××	←①期首分（決算整理前残高試算表）
	繰越商品	×××		仕　　入	×××	←②期末分（実地棚卸で把握される）

上記の決算整理仕訳を行うことにより，もともと仕入勘定（費用）に計上されていた当期商品仕入高に，期首商品棚卸高が加えられるとともに，期末商品棚卸高が差し引かれる。そのため，決算整理後残高試算表の仕入勘定は，当期の**売上原価**を示すことになる。

売上原価 ＝ 期首商品棚卸高 ＋ 当期商品仕入高 － 期末商品棚卸高

また，売上高から，このように計算された売上原価を差し引けば，**売上総利益**（分記法

における**商品売買益**勘定（収益）に相当）を算定することができる。

売上総利益 ＝ 売上高 － 売上原価

▶▶▶〈設例〉

決算において，売上原価を仕入勘定で算定する場合の決算整理仕訳を示したうえで，売上原価および売上総利益の金額を計算しなさい。なお，期首商品棚卸高1,000円，当期商品仕入高5,000円，期末商品棚卸高2,000円，売上高9,000円とする。

（借）	仕　入	1,000	（貸）繰越商品	1,000
	繰越商品	2,000	仕　入	2,000

売上原価＝期首商品棚卸高（1,000）＋当期商品仕入高（5,000）
　　　　－期末商品棚卸高（2,000）＝ 4,000円
売上総利益＝売上高（9,000）－売上原価（4,000）＝ 5,000円

このとき，上記の設例における仕入勘定（費用）をみてみると，以下のようになる。したがって，「仕入／繰越商品」（期首在庫）と「繰越商品／仕入」（期末在庫）の決算整理仕訳を行えば，仕入勘定において自動的に売上原価が計算されることになる。

仕　入

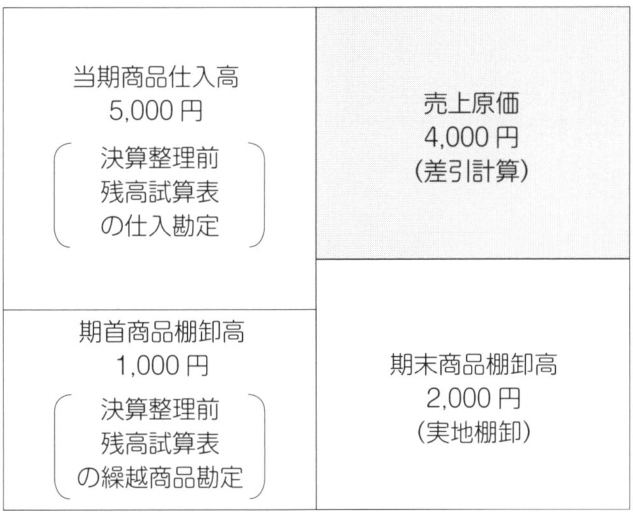

当期商品仕入高 5,000円 （決算整理前残高試算表の仕入勘定）	売上原価 4,000円 （差引計算）
期首商品棚卸高 1,000円 （決算整理前残高試算表の繰越商品勘定）	期末商品棚卸高 2,000円 （実地棚卸）

なお，売上原価を仕入勘定（費用）ではなく，**売上原価**勘定（費用）で算定する方法が指示される場合がある。この場合も基本的な考え方は，上記で説明した方法と同様であるが，期首商品棚卸高と期末商品棚卸高を仕入勘定に振り替えるのではなく，売上原価勘定に振り替える必要がある。

また，それだけでは当期仕入高が仕入勘定に残ってしまうため，仕入勘定（費用）を貸方に仕訳して取り消すとともに，売上原価勘定（費用）の借方に仕訳をして振り替える処理が追加で必要となる。

商品（３分法）の決算整理仕訳　※売上原価勘定で売上原価を算定する場合

（借）	売上原価	×××	（貸）	繰越商品	×××←①	期首分
	繰越商品	×××		売上原価	×××←②	期末分
	売上原価	×××		仕入	×××←③	当期仕入高を売上原価勘定に振り替える

▶▶▶〈設例〉

決算において，売上原価を売上原価勘定で算定する場合の決算整理仕訳を示しなさい。なお，期首商品棚卸高 1,000 円，当期商品仕入高 5,000 円，期末商品棚卸高 2,000 円とする。

（借）	売上原価	1,000	（貸）	繰越商品	1,000
	繰越商品	2,000		売上原価	2,000
	売上原価	5,000		仕入	5,000

したがって，売上原価を仕入勘定で算定する場合と，売上原価勘定で算定する場合における勘定の流れ（**勘定連絡図**）を示すと，以下のようになる。

※仕入勘定で売上原価を算定する場合

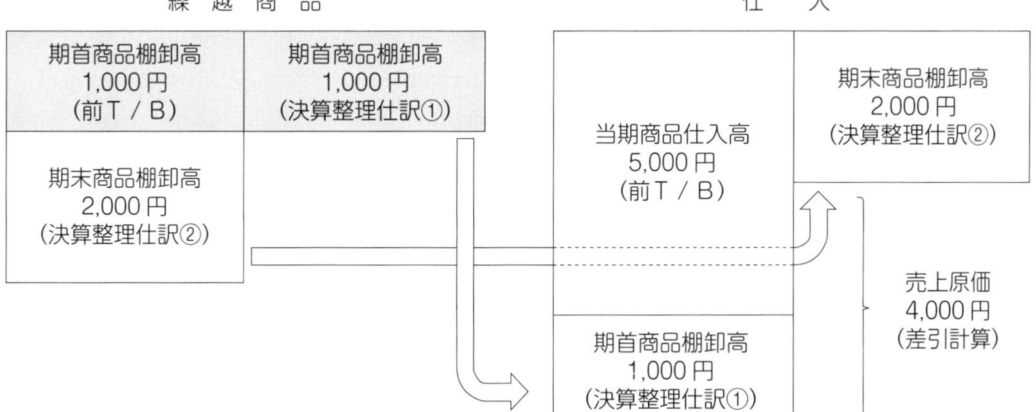

※売上原価勘定で売上原価を算定する場合

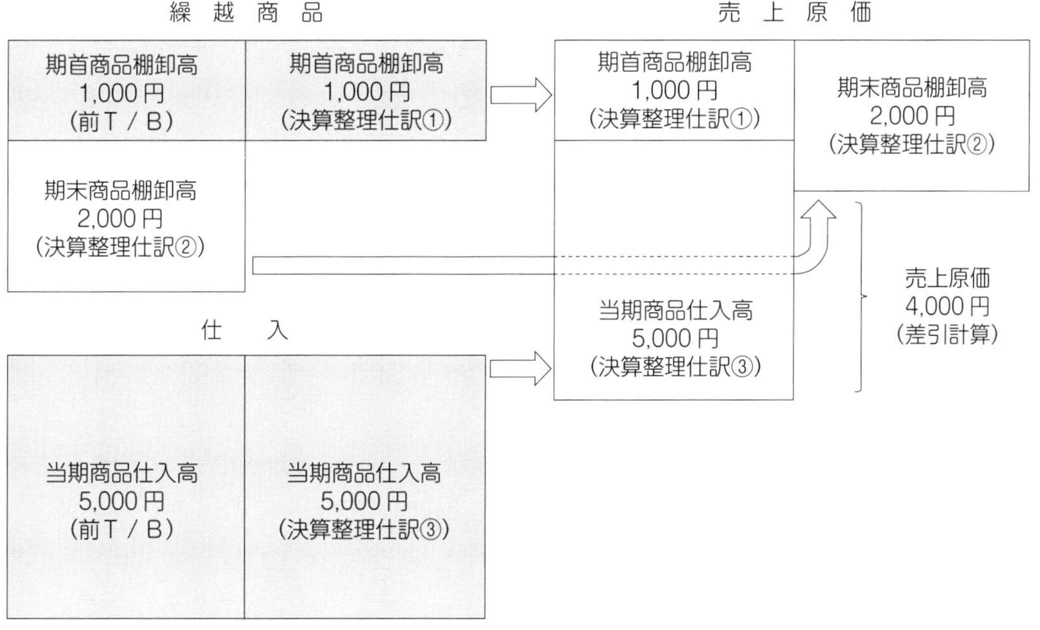

5 貯蔵品の棚卸し

収入印紙あるいは切手を購入した場合，購入時に**租税公課**勘定（費用）あるいは**通信費**勘定（費用）の借方に仕訳を行う。ただし，決算期末において未使用の収入印紙や切手が残っている場合には，これらは換金性が高いため，租税公課勘定や通信費勘定の貸方に仕訳をして費用を減少させるとともに，**貯蔵品**勘定（資産）の借方に振り替える。

なお，事務用品など耐用年数１年未満または取得原価が一定金額未満のものは消耗品とよばれ，購入時に**消耗品費**勘定（費用）の借方に仕訳する。しかし，決算において，たとえ消耗品が未使用のまま残っていても，資産の勘定には振り替えないのが一般的である。

▶▶▶〈設例〉

×２年 9/11　収入印紙 10,000 円と郵便切手 5,000 円を購入し，代金は現金で支払った。

(借)	租税公課	10,000	(貸) 現　金	15,000
	通信費	5,000		

×３年 3/31　×２年度の決算において貯蔵品の棚卸しをしたところ，収入印紙の未使用分 3,000 円および郵便切手の未使用分 500 円があることが判明した。

(借)	貯蔵品	3,500	(貸) 租税公課	3,000
			通信費	500

なお，翌期首（×３年 4/1）において，特に指示がなくても貯蔵品勘定を取り崩して，通信費勘定や租税公課勘定に**再振替仕訳**を行う。

(借)	租税公課	3,000	(貸) 貯蔵品	3,500
	通信費	500		

6 費用の前払い・未払い，収益の前受け・未収

期中取引の仕訳において，費用や収益は，現金収支や債権・債務の発生にもとづいて記録されるが，それらのすべてが，必ずしも当期に帰属する費用や収益として正しく示されているとは限らない。

なぜなら，当期中に支払ったり，受け取ったりした費用や収益のなかには，次期以降の分が含まれていることがある。このような場合には，これらを当期の費用や収益から除外

するために，次期以降に帰属させるべき金額を差し引いて，費用や収益を減算させる必要がある（費用の前払い・収益の前受け）。

また逆に，当期に帰属させるべき費用や収益にもかかわらず，当期中に支払いや受け取りが行われなかったため，記録から漏れていることがある。このような場合には，これらを当期の収益や費用に追加するために，その金額を計上して費用や収益を加算させる必要がある（費用の未払い・収益の未収）。

なお，費用の前払い・未払い，収益の前受け・未収の会計処理にあたって用いられる勘定科目は，決算期末において一時経過的に設けられるものであるために**経過勘定**とよばれる。以下，①費用の前払い，②収益の前受け，③費用の未払い，④収益の未収の会計処理についてみていく。

①費用の前払い

当期に費用として支払った金額のうち，次期以降の費用となる金額は前払い分であるため，費用の勘定から差し引き，**前払費用**の勘定（資産）へ振り替える。

▶▶▶〈設例〉

×3年3/31　×2年度の決算において，決算整理前残高試算表の保険料36,000円は，当期の8月1日に向こう1年分を現金で支払ったものである。

(借) 前払保険料	12,000	(貸) 支払保険料	12,000

なお，翌期首（×3年4/1）において，特に指示がなくても次期に繰り越された前払保険料勘定（資産）を取り崩して，支払保険料勘定（費用）に**再振替仕訳**を行う。

(借) 支払保険料	12,000	(貸) 前払保険料	12,000

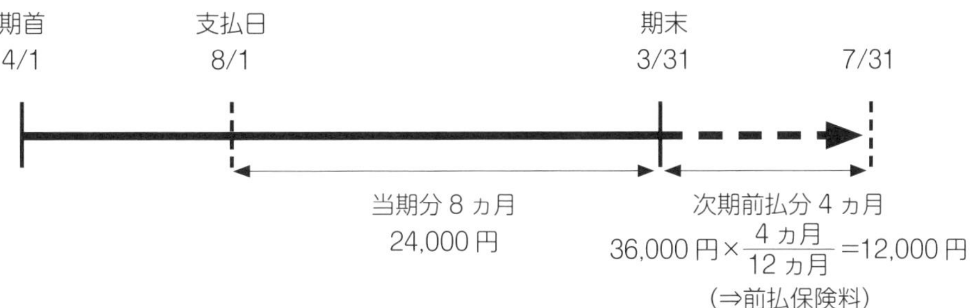

②収益の前受け

当期に収益として受け取った金額のうち，次期以降の収益となる金額は前受分であるため，収益の勘定から差し引き，**前受収益**の勘定（負債）へ振り替える。

▶▶▶〈設例〉

×３年3/31　×２年度の決算において，決算整理前残高試算表の受取家賃48,000円は，当期の８月１日に向こう１年分を現金で受け取ったものである。

（借）受　取　家　賃　16,000　（貸）前　受　家　費　16,000

なお，翌期首（×３年4/1）において，特に指示がなくても次期に繰り越された前受家賃勘定（負債）を取り崩して，受取家賃勘定（収益）に**再振替仕訳**を行う。

（借）前　受　家　費　16,000　（貸）受　取　家　費　16,000

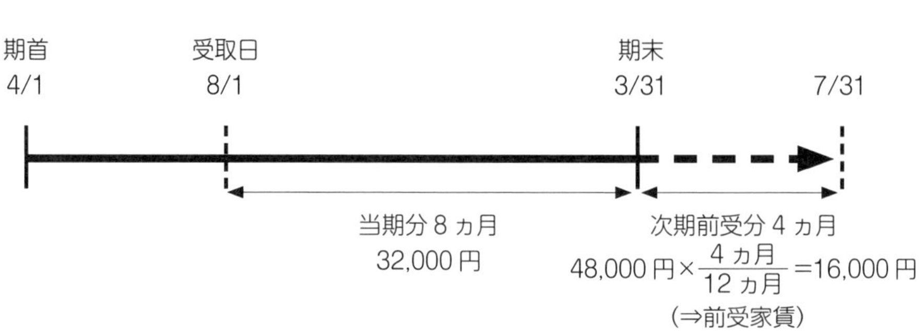

③費用の未払い

すでに当期の費用として発生しているが，契約等により実際にはまだ支払われていない場合は，これを当期の費用としなければならないため，費用の勘定に追加計上するとともに，**未払費用**の勘定（負債）の貸方に仕訳する。

▶▶▶〈設例〉

×３年3/31　×２年度の決算において，決算整理前残高試算表の借入金800,000円は，×２年10月１日に年利率3%，期間９ヵ月の条件で借り入れたものであり，利息は元金とともに返済期日に支払うことになっている。なお，当期分の利息の計算は月割計算による。

（借）支　払　利　息　12,000　（貸）未　払　利　息　12,000

なお，翌期首（×3年 4/1）において，特に指示がなくても次期に繰り越された未払利息勘定（負債）を取り崩して，支払利息勘定（費用）から差し引く**再振替仕訳**を行う。

（借）未　払　利　息　12,000　（貸）支　払　利　息　12,000

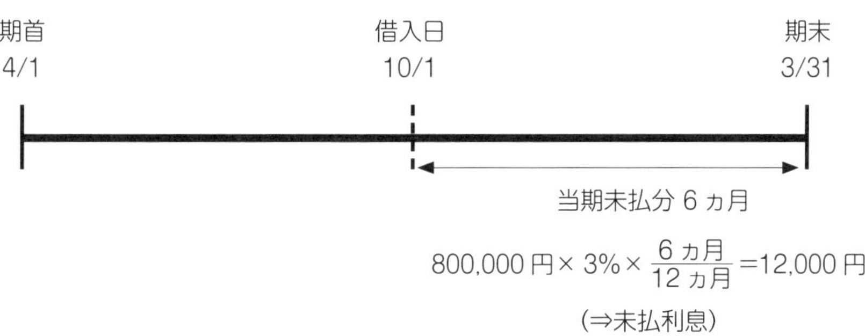

④収益の未収

すでに当期の収益として発生しているが，契約等により実際にはまだ受け取っていない場合は，これを当期の収益としなければならないため，収益の勘定に追加計上するとともに，**未収収益**の勘定（資産）の借方に仕訳する。

▶▶▶〈設例〉

×3年3/31　×2年度の決算において，決算整理前残高試算表の受取地代 24,000 円は，当期の9月1日に4ヵ月分を現金で受け取ったものである。なお，それ以降，地代は受け取っていない。

（借）未　収　地　代　18,000　（貸）受　取　地　代　18,000

なお，翌期首（×3年 4/1）において，特に指示がなくても次期に繰り越された未収地代勘定（資産）を取り崩して，受取地代勘定（収益）から差し引く**再振替仕訳**を行う。

（借）受　取　地　代　18,000　（貸）未　収　地　代　18,000

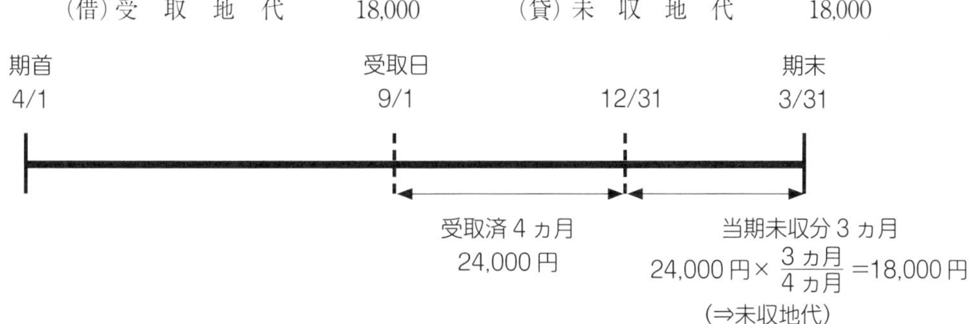

7 決算整理後残高試算表

決算整理後残高試算表（後 T/B）とは，決算整理前残高試算表（前 T/B）に決算整理仕訳を反映させたものである。決算整理後残高試算表の金額は，貸借対照表や損益計算書を作成するための基礎となる。

▶▶▶〈設例〉

下記の決算整理事項および決算整理前残高試算表にもとづいて，決算整理後残高試算表を作成する。なお，会計期間は×2年4月1日から×3年3月31日までの1年間である。

決算整理事項

① 金庫を確認し，現金の実査を行ったところ1,000円不足していた。原因を調査したが，わからなかったため，雑損として処理した。

② 未使用の郵便切手500円がみつかった。

③ 期末商品棚卸高は20,000円であった。なお，売上原価は仕入勘定で計算する。

④ 受取手形および売掛金の期末残高に対して，2%の貸倒れを見積もる。なお，差額補充法により貸倒引当金を設定する。

⑤ 建物について，残存価額は取得原価の10%，耐用年数は9年として，定額法により減価償却を行う。

⑥ 支払家賃の前払分が12,000円ある。

⑦ 支払地代の未払分が18,000円ある。

決算整理前残高試算表

×3年3月31日

借　　方	勘定科目	貸　　方
80,000	現金	
120,000	当座預金	
60,000	受取手形	
70,000	売掛金	
10,000	繰越商品	
100,000	建物	
	買掛金	55,000
	借入金	130,000
	貸倒引当金	1,500
	減価償却累計額	20,000
	資本金	150,000
	繰越利益剰余金	33,500
	売上	550,000
	受取手数料	50,000
485,000	仕入	
5,000	通信費	
36,000	支払家賃	
24,000	支払地代	
990,000		990,000

決算整理後残高試算表を作成するためには，まず決算整理事項にもとづいて，決算整理仕訳を行う必要がある。

① 現金過不足の処理

(借)	雑損	1,000	(貸) 現金	1,000

② 貯蔵品の棚卸し

(借)	貯蔵品	500	(貸) 通信費	500

③ 商品の棚卸し

(借)	仕入	10,000	(貸) 繰越商品	10,000
	繰越商品	20,000	仕入	20,000

④ 貸倒引当金の設定

(借)	貸倒引当金繰入	1,100	(貸) 貸倒引当金	1,100

※（受取手形 60,000 円＋売掛金 70,000 円）× 2% = 2,600 円（貸倒引当金要設定額）
2,600 円－ 1,500 円（前 T/B 貸倒引当金残高）＝ 1,100 円（貸倒引当金繰入額）

⑤ 固定資産に係る減価償却費の計上

(借)	減価償却費	10,000	(貸) 減価償却累計額	10,000

※（取得原価 100,000 円－残存価額 10,000 円）÷ 9 年＝ 10,000 円

⑥ 費用の前払い

(借)	前払家賃	12,000	(貸) 支払家賃	12,000

⑦ 費用の未払い

(借)	支払地代	18,000	(貸) 未払地代	18,000

決算整理仕訳を行ったら，引き続いて，決算整理前残高試算表に決算整理仕訳を反映させることにより，決算整理後残高試算表を作成する。

決算整理後残高試算表

×3年3月31日

借　　方	勘　定　科　目	貸　　方
79,000	現　　　　　金	
120,000	当　座　預　金	
60,000	受　取　手　形	
70,000	売　　掛　　金	
20,000	繰　越　商　品	
500	貯　　蔵　　品	
12,000	前　払　家　賃	
100,000	建　　　　　物	
	買　　掛　　金	55,000
	借　　入　　金	130,000
	未　払　地　代	18,000
	貸倒引当金	2,600
	減価償却累計額	30,000
	資　　本　　金	150,000
	繰越利益剰余金	33,500
	売　　　　　上	550,000
	受取手数料	50,000
475,000	仕　　　　　入	
4,500	通　　信　　費	
24,000	支　払　家　賃	
42,000	支　払　地　代	
1,100	貸倒引当金繰入	
10,000	減価償却費	
1,000	雑　　　　　損	
1,019,100		1,019,100

8 精　算　表

精算表（Work Sheet : W/S）は，決算整理前残高試算表から決算整理仕訳，財務諸表（貸借対照表，損益計算書）の作成までを一覧表にしたものである。精算表を作成することで，決算に先立って，期末における財政状態および1会計期間の経営成績を把握することができる。

精算表は，試算表（決算整理前残高試算表），修正記入（修正仕訳および決算整理仕訳），損益計算書，貸借対照表の4つの欄で構成されている。そして，各々の欄に借方と貸方が設けられているため，8桁精算表ともよばれる。精算表の作成手順を示すと，以下のようになる。

① 決算整理前残高試算表の金額を試算表欄に転記し，貸借の合計（タテ計）が一致することを確認する。
② 修正仕訳および決算整理仕訳を修正記入欄に記入し，貸借の合計（タテ計）が一致することを確認する。このとき，試算表に該当する勘定科目がない場合は，新たに必要とする勘定科目を勘定科目欄に追加する。
③ 修正記入欄に記入を行った勘定科目について，試算表欄の金額に加減算を行って貸借対照表欄あるいは損益計算書欄に反映させる。このとき，試算表欄と修正記入欄が貸借同じ側にあれば加算し，反対側にあれば減算する。そして，資産・負債・資本の金額は貸借対照表欄に，また収益・費用の金額は損益計算書欄に，それぞれ金額を記入する。
④ 損益計算書欄の借方および貸方の金額をそれぞれ合計した後，貸借が均衡するように，差額を当期純利益（または当期純損失）の行に記入する（最終的な貸借金額を一致させる）。このとき，差額が借方にでる（損益計算書欄の貸方（収益）が大きい）場合は，当期純利益が得られたことになる。それに対して，差額が貸方にでる（損益計算書欄の借方（費用）が大きい）場合は，当期純損失が生じたことになる。
⑤ 損益計算書欄の当期純利益あるいは当期純損失を，貸借逆側にして貸借対照表欄に転記する。その結果，貸借対照表欄の貸借の合計（タテ計）が一致することを確認する。

先に提示した決算整理前残高試算表と決算整理事項にもとづいて，精算表を作成してみると，下記のようになる。なお，精算表上に示した番号は，上記の精算表の作成手順に対応している。

精　算　表

	勘定科目	① 試算表 借方	試算表 貸方	② 修正記入 借方	修正記入 貸方	③ 損益計算書 借方	損益計算書 貸方	貸借対照表 借方	貸借対照表 貸方
資産	現金	80,000			1,000			79,000	
	当座預金	120,000						120,000	
	受取手形	60,000						60,000	
	売掛金	70,000						70,000	
	繰越商品	10,000		20,000	10,000			20,000	
	建物	100,000						100,000	
負債等	買掛金		55,000						55,000
	借入金		130,000						130,000
	貸倒引当金		1,500		1,100				2,600
	減価償却累計額		20,000		10,000				30,000
資本	資本金		150,000						150,000
	繰越利益剰余金		33,500						33,500
収益	売上		550,000				550,000		
	受取手数料		50,000				50,000		
費用	仕入	485,000		10,000	20,000	475,000			
	通信費	5,000			500	4,500			
	支払家賃	36,000			12,000	24,000			
	支払地代	24,000		18,000		42,000			
		990,000	990,000						
追加科目（個別に判断する）	貸倒引当金繰入			1,100		1,100			
	減価償却費			10,000		10,000			
	雑損			1,000		1,000			
	貯蔵品			500				500	
	前払家賃			12,000				12,000	
	未払地代				18,000				18,000
	当期純利益					④ 42,400			⑤ 42,400
				72,600	72,600	600,000	600,000	461,500	461,500

80,000 − 1,000

10,000 + 20,000 − 10,000

1,500 + 1,100

485,000 + 10,000 − 20,000

第 12 章

財務諸表

<この章で学ぶこと>

損益振替と資本振替

総勘定元帳の締切

貸借対照表と損益計算書の作成

1 財務諸表の作成

簿記の最終的な目的は，貸借対照表および損益計算書を作成して，会社の財政状態と経営成績を明らかにすることである。第11章では，精算表を用いた簡便的な貸借対照表と損益計算書の作成方法を学んだが，本章では，より正式な形式での**財務諸表**（貸借対照表と損益計算書）の作成について理解する。

財務諸表の作成は，決算整理前残高試算表の作成，決算整理仕訳，決算整理後残高試算表の作成，総勘定元帳の締切，貸借対照表および損益計算書の作成という流れになり，精算表を作成する場合と大きな違いはない（ただし，簿記検定等の出題では決算整理前残高試算表に決算整理仕訳を加えて，貸借対照表と損益計算書を作成するなどの形式がとられる）。

なお，貸借対照表と損益計算書の作成前に行われる総勘定元帳の締切では，①収益・費用の各勘定を損益勘定に振り替える（損益振替），②当期純利益または当期純損失を繰越利益剰余金勘定に振り替える（資本振替），③総勘定元帳を締め切る，という3つの手続きが行われる。

2 収益・費用の損益勘定への振替

総勘定元帳の締切を行うためには，まず収益と費用の各勘定口座を損益勘定に集計する必要がある。ここで，**損益**勘定とは，収益と費用の各勘定口座を集計するために，決算において新たに設けられる勘定科目である。

このとき，貸方にある収益の各勘定科目を借方に仕訳することにより，各勘定口座の貸借を一致させるとともに，損益勘定の貸方にこれらの合計金額を仕訳する。また，借方にある費用の各勘定科目を貸方に仕訳することにより，各勘定口座の貸借を一致させるとともに，損益勘定の借方にこれらの合計金額を仕訳する。

このように収益と費用の各勘定を，損益勘定へと振り替える処理のことを**損益振替**という。損益振替を行うことにより，損益勘定に収益と費用に係るすべての勘定が集約されることから，損益勘定の貸借差額を計算すれば，利益あるいは損失の金額を算定することができる。

〈設例〉

決算において，売上勘定の貸方残高100,000円および受取利息勘定の貸方残高20,000円を，損益勘定に振り替えた。

(借)	売　上	100,000	(貸) 損　益	120,000
	受取利息	20,000		

決算において，仕入勘定の借方残高80,000円および支払利息勘定の借方残高10,000円を，損益勘定に振り替えた。

(借)	損　益	90,000	(貸) 仕　入	80,000
			支払利息	10,000

3 繰越利益剰余金勘定への振替

収益と費用の各勘定口座を損益勘定に振り替えたら，引き続いて，損益勘定の借方と貸方の差額から当期純利益または当期純損失を計算し，その金額を**繰越利益剰余金**勘定（資本）に振り替える。このように，当期の利益または損失を，繰越利益剰余金勘定へと振り替える処理のことを**資本振替**という。

このとき，損益勘定の残高は当期純利益または当期純損失の金額を表している。すなわち，損益勘定の貸方の方が大きい場合は，収益の方が費用よりも大きいため，当期純利益が生じていることになる。そして，損益勘定の貸借が一致するように，損益勘定の借方に仕訳することにより損益勘定を締め切る。

それに対して，損益勘定の借方の方が大きい場合は，収益よりも費用の方が大きいため，当期純損失が生じていることになる。そして，損益勘定の貸借が一致するように，損益勘定の貸方に仕訳することにより損益勘定を締め切る。

なお，**当期純利益**は，当期の事業活動によって獲得した利益であり，資本の増加を意味している。そのため，当期純利益が生じている場合は，繰越利益剰余金勘定の貸方に仕訳を行う。また，逆に**当期純損失**は，資本の減少を意味しているため，繰越利益剰余金勘定の借方に仕訳を行う。その結果として，繰越利益剰余金勘定には，過去からの利益が年々累積されていくため，企業が蓄積した**内部留保**を表すことになる。

▶▶▶〈設例〉

決算において，損益勘定の残高を繰越利益剰余金勘定に振り替えた。なお，当期の収益合計は 120,000 円，費用合計は 90,000 円であった。

（借）損　　　益　30,000　（貸）繰越利益剰余金　30,000

決算において，損益勘定の残高を繰越利益剰余金勘定に振り替えた。なお，当期の収益合計は 90,000 円，費用合計は 110,000 円であった。

（借）繰越利益剰余金　20,000　（貸）損　　　益　20,000

4 総勘定元帳の締切

損益振替と資本振替を行ったら，最後に総勘定元帳を締め切る。まず，収益と費用の各勘定口座については，損益振替を行うことによってすでに貸借が均衡している。そのため，総勘定元帳の借方と貸方に一重線を引き，合計（タテ計）を計算して貸借が一致することを確認し，最後に二重線を引いて締め切る（一重線は「計算する」，二重線は「計算終了」を意味している）。

さらに，損益勘定は資本振替を行うことにより貸借が均衡しているため，同様に一重線を引いてタテ計を計算し，二重線を引いて勘定口座を締め切る。「2収益・費用の損益勘定への振替」および「3繰越利益剰余金勘定への振替」の設例にもとづいて，売上勘定，仕入勘定および損益勘定の締切を行うと以下のようになる。

売　上

損　益	100,000	現　金	90,000
		売掛金	10,000
	100,000		100,000

仕　入

現　金	85,000	繰越商品	10,000
繰越商品	5,000	損　益	80,000
	90,000		90,000

損　益

仕　入	80,000	売　上	100,000
支払利息	10,000	受取利息	20,000
繰越利益剰余金	30,000		
	120,000		120,000

それに対して，資産・負債・資本の各勘定口座については，残高を次の会計年度に繰り越す必要がある。このとき，資産の勘定口座は借方残高になっていることから，資産の各勘定の貸方に「次期繰越」と記入するとともに，借方と貸方の合計額が一致するように金額を算定する。そして，一重線を引いてタテ計を記入し，二重線を引いて当期の勘定口座を締め切った後，翌期首の借方に「前期繰越」と記入して会計記録を再開する。

また，負債と資本の勘定口座は貸方残高になっていることから，負債と資本の各勘定の借方に「次期繰越」と記入するとともに，借方と貸方の合計額が一致するように金額を算定する。そして，一重線を引いてタテ計を記入し，二重線を引いて当期の勘定口座を締め切った後，翌期首の貸方に「前期繰越」と記入して会計記録を再開する。

なお，損益振替による仕訳を通じて勘定口座を締め切る収益・費用とは異なり，資産・負債・資本は仕訳によらず，貸借差額である残高を次期に繰り越すことによって勘定口座を締め切る。例として，現金勘定，借入金勘定および繰越利益剰余金勘定の締切を以下に示す。

現 金

借方	金額	貸方	金額
売上	90,000	仕入	85,000
売掛金	10,000	次期繰越	15,000
	100,000		100,000
前期繰越	15,000		

借入金

借方	金額	貸方	金額
次期繰越	100,000	前期繰越	100,000
	100,000		100,000
		前期繰越	100,000

繰越利益剰余金

借方	金額	貸方	金額
次期繰越	80,000	前期繰越	50,000
		損益	30,000
	80,000		80,000
		前期繰越	80,000

5 貸借対照表と損益計算書

総勘定元帳を締め切ったら，決算整理後残高試算表にもとづいて貸借対照表と損益計算書を作成する。これらの財務諸表は，外部の**利害関係者**に対する報告書であるため，企業の外部者がみても理解しやすい形式となっている。第11章で用いた決算整理後残高試算表から，貸借対照表と損益計算書を作成すると，以下のようになる。

決算整理後残高試算表

×３年３月31日

借　　方	勘　定　科　目	貸　　方
79,000	現　　　　　金	
120,000	当　座　預　金	
60,000	受　取　手　形	
70,000	売　　掛　　金	
20,000	繰　越　商　品	
500	貯　　蔵　　品	
12,000	前　払　家　賃	
100,000	建　　　　　物	
	買　　掛　　金	55,000
	借　　入　　金	130,000
	未　払　地　代	18,000
	貸　倒　引　当　金	2,600
	減価償却累計額	30,000
	資　　本　　金	150,000
	繰越利益剰余金	33,500
	売　　　　　上	550,000
	受　取　手　数　料	50,000
475,000	仕　　　　　入	
4,500	通　　信　　費	
24,000	支　払　家　賃	
42,000	支　払　地　代	
1,100	貸倒引当金繰入	
10,000	減　価　償　却　費	
1,000	雑　　　　　損	
1,019,100		1,019,100

貸借対照表は，決算期末時点の資産・負債・資本の状態（**ストック情報**）を表す計算書である。このとき，決算整理後残高試算表の繰越商品勘定は「商品」，前払家賃勘定は「前払費用」，未払地代勘定は「未払費用」として記載する（もし同様に，前受家賃や未収地代がある場合は，各々「前受収益」や「未収収益」として記載する）。

また，売掛金や受取手形に対する貸倒引当金は，それぞれの勘定科目の下に表示し，各勘定科目から差し引きする形式で記載する（△はマイナスを意味する）。

そして，建物や備品といった固定資産に対する減価償却累計額も，同様に対応する勘定科目から差し引きする形式で記載する。

なお，繰越利益剰余金は，決算整理後残高試算表の金額（33,500円）に，損益計算書によって算定された当期純利益（42,400円）を加算した金額となり，それによって借方合計と貸方合計の金額が一致する。

貸借対照表

関大商事株式会社　　×3年3月31日　　（単位：円）

資産	金額		負債・純資産	金額
現金		79,000	買掛金	55,000
当座預金		120,000	借入金	130,000
受取手形	60,000		未払費用	18,000
貸倒引当金	△ 1,200	58,800	資本金	150,000
売掛金	70,000		繰越利益剰余金	75,900
貸倒引当金	△ 1,400	68,600		
商品		20,000		
貯蔵品		500		
前払費用		12,000		
建物	100,000			
減価償却累計額	△ 30,000	70,000		
		428,900		428,900

損益計算書は，１会計期間の収益と費用（**フロー情報**）を記載して，その差額としての当期純利益（あるいは当期純損失）を示す計算書である。このとき，決算整理後残高試算表の仕入勘定は「売上原価」，売上勘定は「売上高」として記載する。

そして，収益が費用よりも大きい場合には，借方に「当期純利益」として表示する。それに対して，費用が収益よりも大きい場合には，貸方に「当期純損失」として表示する。

損益計算書

関大商事株式会社　×2年4月1日～×3年3月31日　（単位：円）

費　用	金　額	収　益	金　額
売上原価	475,000	売上高	550,000
通信費	4,500	受取手数料	50,000
支払家賃	24,000		
支払地代	42,000		
貸倒引当金繰入	1,100		
減価償却費	10,000		
雑損	1,000		
当期純利益	42,400		
	600,000		600,000

第13章

証ひょうと伝票

＜この章で学ぶこと＞

納品書　請求書　領収書

３伝票制

仕訳日計表

1 証 ひ ょ う

実務において取引を帳簿に記録するためには，取引の事実を証明する根拠が必要となる。これを**証ひょう**（証憑）という。証ひょうの種類は多様であるが，その代表例として，納品書，請求書および領収書がある。

〈設例〉

商品を仕入れ，商品とともに次の納品書を受け取り，代金は後日支払うこととした。なお，当社は商品売買取引に３分法を採用しており，送料は当社負担である。

納品書

関大商事株式会社　御中

千里山商事株式会社

品物	数量	単価	金額
あんぱん　10個入り	20	100	¥ 2,000
ジャムぱん　10個入り	20	150	¥ 3,000
	送料		¥ 500
	合計		¥ 5,500

（借）仕　　入　5,500　（貸）買 掛 金　5,500

事務作業に使用する物品を購入し，品物とともに次の請求書を受け取り，代金は後日支払うこととした。なお，消費税は税抜方式を用いている。

請求書

関大商事株式会社　御中

千里山商事株式会社

品物	数量	単価	金額
プリンター用紙（500枚入り）	10	500	￥　5,000
プリンターインク・黒	2	10,000	￥　20,000
	消費税		￥　2,500
	合計		￥　27,500

×2年8月31日までに合計額を下記口座へお振込みください。

関大銀行千里山支店 普通 1234567 センリヤマショウジ（カ

（借）消耗品費	25,000	（貸）未払金	27,500
仮払消費税	2,500		

経理作業に使用する物品を購入し，品物とともに次の領収書を受け取った。なお，代金は現金で支払っている。

領収書

関大商事株式会社　御中

千里山商事株式会社

品物	数量	単価	金額
ノートパソコン	1	150,000	￥　150,000
セッティング代	1	2,000	￥　2,000
ボールペン	10	100	￥　1,000
	合計		￥　153,000

（借）備品	152,000	（貸）現金	153,000
消耗品費	1,000		

2 伝票の記入

これまで取引を記録する際には，仕訳帳に記入するための「仕訳」を解説してきたが，実務では仕訳帳の代わりに伝票を用いることがある。**伝票**とは，一定の大きさと様式を備えた紙片であり，帳簿に比べて記入や整理が簡便であるという特徴を有する。

伝票を用いたとしても，基本的な仕訳の考え方に違いは生じない。ただし，伝票を使う場合には，すべての取引を入金取引，出金取引，その他の取引の３つに分類し，それぞれ異なる形式の伝票に記録を行う。このときに用いられる伝票を①入金伝票，②出金伝票，③振替伝票とよび，３種類の伝票を用いることから**3伝票制**という。

①入金伝票

入金伝票には，入金取引を記入する。入金取引とは，現金の増加をともなう取引であり，これを仕訳で記録する場合，借方は常に現金勘定になる。そのため，入金伝票では，借方科目を現金勘定に固定するものとして，貸方の勘定科目と金額のみを記入すればよい。

▶▶▶〈設例〉

8/7　商品 5,000 円を販売し，代金は現金で受け取った。この取引を入金伝票に記入する。

入金伝票 ×1年8月7日	
科目	金額
売　上	5,000

②出金伝票

出金伝票には，出金取引を記入する。出金取引とは，常に現金の減少をともなう取引であり，これを仕訳で記録する場合，貸方は常に現金勘定になる。そのため，出金伝票では，貸方科目を現金勘定に固定するものとして，借方の勘定科目と金額のみを記入すればよい。

▶▶▶〈設例〉

8/8　事務作業に必要な文房具 3,000 円を購入し，代金は現金で支払った。この取引を出金伝票に記入する。

出 金 伝 票 ×1年8月8日	
科 目	金 額
消耗品費	3,000

③振替伝票

振替伝票には，入金取引と出金取引を除く，すべての取引を記入する。入金伝票や出金伝票とは異なり，振替伝票には借方と貸方の勘定科目は自由に記入することができる。そのため，振替伝票では，通常の仕訳と同じように，借方と貸方の各々に勘定科目と金額を記入する。

▶▶▶〈設例〉

8/9　商品 3,000 円を仕入れ，代金は掛けとした。この取引を振替伝票に記入する。

振 替 伝 票 ×1年8月9日			
借方科目	金 額	貸方科目	金 額
仕　入	3,000	買掛金	3,000

なお，実際の取引には上記の設例と異なり，現金取引とその他の取引が混在する場合がある。そのようなときには，現金取引とその他の取引を分解して伝票に記入する方法と，いったん全額を振替伝票に記入し，その後で一部に入金や出金があったものとして入金伝票あるいは出金伝票に記入する方法の２通りがある（いずれの方法によったとしても，最終的な仕訳の結果に違いはない）。

▶▶▶〈設例〉

8/10　商品3,000円を仕入れ，代金のうち，2,000円は現金で支払い，残額は掛けとした。この取引を出金伝票と振替伝票に記入する。

※ 現金取引とその他の取引に分解する方法

出金伝票 ×1年8月10日	
科目	金額
仕　入	2,000

振替伝票 ×1年8月10日			
借方科目	金額	貸方科目	金額
仕　入	1,000	買掛金	1,000

※ いったん全額を振替伝票に記録する方法

振替伝票 ×1年8月10日			
借方科目	金額	貸方科目	金額
仕　入	3,000	買掛金	3,000

出金伝票 ×1年8月10日	
科目	金額
買掛金	2,000

3 伝票の集計

仕訳帳から総勘定元帳への転記のように，伝票から総勘定元帳に1枚ずつ転記することも可能であるが，このような個別転記は手間がかかり，誤りも生じやすい。そこで，1日分の伝票に記載された内容を，勘定科目ごとに借方別・貸方別に集計して**仕訳日計表**を作成し，この仕訳日計表から総勘定元帳に合計転記を行う場合がある。

このとき，仕訳日計表の元丁欄には，転記先の総勘定元帳の番号を記載する。また，総勘定元帳の日付欄には，取引が生じた日付を記載する。続いて摘要欄には「仕訳日計表」と記入し，仕丁欄には転記元の仕訳日計表のページ番号を記載する。そして，借方欄には仕訳日計表の借方の金額を転記し，貸方欄には仕訳日計表の貸方の金額を転記する。

〈設例〉

下記に示された関大商事の10月1日の伝票にもとづいて，仕訳日計表を作成し，現金勘定について総勘定元帳に転記する。なお，現金勘定以外の元丁欄への記入は省略する。

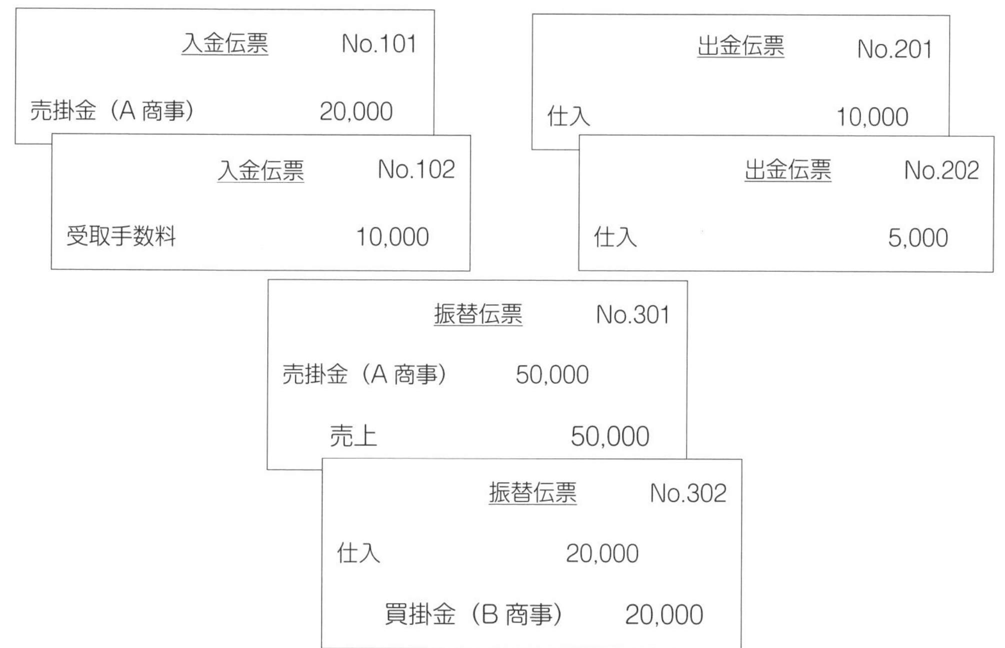

入金伝票　No.101
売掛金（A商事）　20,000

入金伝票　No.102
受取手数料　10,000

出金伝票　No.201
仕入　10,000

出金伝票　No.202
仕入　5,000

振替伝票　No.301
売掛金（A商事）　50,000
売上　50,000

振替伝票　No.302
仕入　20,000
買掛金（B商事）　20,000

※入金伝票及び出金伝票を仕訳にすると，以下のようになる。

入金伝票	No.101	（借）現　　金	20,000	（貸）売　掛　金	20,000
	No.102	（借）現　　金	10,000	（貸）受取手数料	10,000
出金伝票	No.201	（借）仕　　入	10,000	（貸）現　　金	10,000
	No.202	（借）仕　　入	5,000	（貸）現　　金	5,000

仕訳日計表

×1年10月1日　　1

借　方	元丁	勘定科目	元丁	貸　方
30,000	5	現　　金	5	15,000
50,000		売 掛 金		20,000
		買 掛 金		20,000
		売　　上		50,000
		受取手数料		10,000
35,000		仕　　入		
115,000				115,000

総勘定元帳

現　金　　5

日	付	摘　要	仕丁	借　方	日	付	摘　要	仕丁	貸　方
4	1	前期繰越	✓	10,000	10	1	仕訳日計表	1	15,000
10	1	仕訳日計表	1	30,000					

なお，各伝票から**得意先元帳**への転記を行うと，以下のようになる。このとき，摘要欄には転記元の伝票の種類を，仕丁欄には伝票番号を記載する。そして，借方または貸方の金額を転記し，残高を計算するとともに，残高が借方または貸方のいずれになっているかを記入する。なお，同様にして，**仕入先元帳**を作成することもできる。

得意先元帳

A商事　　5

日	付	摘　要	仕丁	借　方	貸　方	借/貸	残　高
4	1	前期繰越	✓	100,000		借	100,000
10	1	入金伝票	101		20,000	〃	80,000
10	1	振替伝票	301	50,000		〃	130,000

索　　引

あ 行

か 行

さ 行

た　行

な　行

は　行

ま　行

や　行

ら　行

執筆者紹介（五十音順）

岩崎（いわさき） 拓也（たくや）（関西大学商学部教授）
神戸大学大学院経営学研究科修了
現在に至る

岡（おか） 照二（しょうじ）（関西大学商学部教授）
関西大学大学院商学研究科修了
大阪市立大学を経て現在に至る

乙政（おとまさ） 正太（しょうた）（関西大学商学部教授）
関西大学大学院商学研究科修了
阪南大学，東北大学を経て現在に至る

齊野（さいの） 純子（じゅんこ）（関西大学商学部教授）
大阪大学大学院経済学研究科修了
青森中央学院大学，流通科学大学，甲南大学を経て現在に至る

笹倉（ささくら） 淳史（あつし）（関西大学商学部教授）
関西大学大学院商学研究科修了
関西女学院短期大学（現関西国際大学）を経て現在に至る

馬場（ばば） 英朗（ひであき）（関西大学商学部教授）
大阪大学大学院国際公共政策研究科修了
愛知学泉大学を経て現在に至る

簿記入門演習テキスト

<検印省略>

令和2年3月31日　初版発行　　　令和4年3月31日　2刷発行

編　著　者　関西大学会計学研究室
発　行　者　國　元　孝　臣
発　行　所　株式会社　国　元　書　房

〒113-0034
東京都文京区湯島 3-28-18-605
電話(03)3836-0226　　FAX(03)3836-0027
http://www.kunimoto.co.jp/　E-mail：info@kunimoto.co.jp

印　刷：㈱プロケード
製　本：協栄製本㈱
表　紙：㈲岡村デザイン
カバー　　　　事務所

ISBN 978-4-7658-0037-2